Collection dirigée
Série " Les écriva

Voltaire

résumés

commentaires critiques

documents complémentaires

Michel Charpentier
Agrégé des Lettres

Jeanne Charpentier
Certifiée de Lettres classiques

Voltaire.
Gravure de Balichou.

© Éditions Nathan 1991, ISBN 2-09-180230-1

Introduction

La vie de Voltaire (1694-1778) recouvre la majeure partie du XVIIIe siècle : né et formé sous le règne de Louis XIV, contemporain de Montesquieu, il achève sa vie dans une apothéose prérévolutionnaire. La précocité de son talent et le renouvellement constant de son génie suscitent l'étonnement : à dix-huit ans ses satires font de lui un poète à la mode ; il conquiert la scène tragique à vingt-quatre ans avec son *Œdipe* (1718) ; dix années plus tard il donne à la poésie française l'épopée qui lui manquait, *La Henriade* ; à quarante ans il publie son premier grand ouvrage philosophique, les *Lettres anglaises* ; il a cinquante-trois ans quand il donne son premier conte et cinquante-sept quand il édite *Le Siècle de Louis XIV* (1751) ; à l'âge de soixante-neuf ans il entame, avec le *Traité sur la tolérance*, une série de campagnes d'opinion pour la défense des innocents. Et il entreprend à soixante-treize ans de refaire à lui seul l'*Encyclopédie* tout en continuant à écrire des tragédies et des vers légers.

Son nom l'emporte peu à peu sur une production immense et protéiforme qui répond à l'attente du XVIIIe siècle – au point d'en devenir le symbole – et où chaque époque, chaque type de lecteur, a prélevé ce qui lui convenait. Longtemps considéré comme un génie tragique et épique, Voltaire est apprécié au XXe siècle pour des écrits échappant à la tradition des grands genres littéraires : on admire dans ses *Lettres philosophiques* le polémiste dissident et l'apologiste de la tolérance ; on découvre ses ouvrages historiques, sous-tendus par un humanisme subversif et qui s'épanouissent en philosophie de l'histoire ; on aime ses contes qui démasquent poétiquement toutes les failles de la condition humaine ; on se prête aux jeux de la connivence ou des sous-entendus dans ses pamphlets, parfois rassemblés en volumes alphabétiques, et dont la verve impitoyablement efficace transcende l'actualité circonstancielle. À l'approche du XXIe siècle on s'intéresse de nouveau à des parties de l'œuvre longtemps méprisées : on redécouvre que la tragédie était un genre très vivant au XVIIIe siècle et que *Zaïre* est un chef-d'œuvre ; on reconnaît que les poèmes de Voltaire, si admirés des romantiques, n'excluent ni l'élégance, ni la grâce, ni la puissance, ni la grandeur ; on cesse de parcourir un peu hâtivement sa *Correspondance* pour y découvrir une pratique très moderne de l'éditorial et une imbrication étroite entre le projet public et la parole privée. Alors que jamais les études d'histoire littéraire, d'histoire des idées, les éditions de textes concernant Voltaire n'ont été aussi nombreuses, il nous est apparu utile de montrer comment l'écrivain a tenté de devenir le premier ou le seul dans chaque forme littéraire par souci de dominer son temps et par ambition de faire triompher la cause à laquelle il s'identifie : celle de la liberté, de la raison et de l'intelligence.

La vie de Voltaire

Entre l'humanisme classique et le libertinage mondain

Né à Paris en 1694 dans un milieu bourgeois janséniste, François Marie Arouet effectue de brillantes études chez les Jésuites du collège Louis-le-Grand. Il a souvent reconnu devoir à ses maîtres son amour du théâtre, sa vocation poétique, son goût pour l'histoire, sa culture humaniste et même les bases de son déisme*. Au sortir du collège le jeune Arouet, introduit dans la société libertine* du Temple par son parrain, l'abbé de Châteauneuf, fait siennes l'irrévérence et la philosophie épicurienne* de ses protecteurs, fondée sur l'apologie du plaisir et l'idée déiste que la nature est bonne parce qu'un Dieu bon l'a créée.

Des mésaventures à l'exil

Secrétaire d'ambassade en Hollande, il est renvoyé à Paris pour avoir voulu enlever une jolie huguenote. Ses écrits satiriques sur les amours incestueuses du Régent le font exiler en 1716 à Tulle, puis à Sully-sur-Loire. Il récidive et on l'enferme onze mois à la Bastille où il commence un poème épique à la gloire de Henri IV. Libéré, il adopte le nom de Voltaire, anagramme d'Arovet l(e) j(eune), et sa première tragédie, Œdipe, connaît un succès triomphal. La suspicion du pouvoir le contraint à s'éloigner. Il voyage en Hollande et commence à se passionner pour la lecture des philosophes.

Reçu à la cour, il crée une tragédie et une comédie pour le mariage de Louis XV. Le voilà tout près d'être le poète officiel qu'il a toujours rêvé de devenir. Mais en 1726, bastonné par les domestiques du chevalier de Rohan* à la suite d'une algarade dans la loge de la comédienne Adrienne Lecouvreur, il réclame vainement justice. Une lettre de cachet l'envoie à la Bastille, puis il est autorisé à s'exiler en Angleterre où il découvre avec enthousiasme un régime de liberté.

La gloire

La publication en 1728 de son épopée *La Henriade* permet à Voltaire d'être reconnu comme le grand poète de son temps, alors même qu'il exprime son anticléricalisme et ses idées politiques. À Londres, où il apprend l'anglais dans Shakespeare, il s'imprègne de la science, de la philosophie et de la civilisation anglaises, faisant provision d'idées, d'anecdotes et de modèles dont il tirera parti toute sa vie. Revenu à Paris, il assure son indépendance d'écrivain grâce à de fructueuses opérations financières, mais voit avec horreur le sort réservé à Adrienne Lecouvreur dont le corps est jeté à la voirie (1730). Le gouvernement interdit la publication de son *Histoire de Charles XII*, qui passe dans la clandestinité des colporteurs. Mais Voltaire apparaît comme le successeur de Corneille et de Racine avec l'éclatant succès de *Zaïre* (1732), puis affirme son indépendance en matière de critique littéraire avec *Le Temple du goût* (1733), au moment où débute la grande aventure intellectuelle et sentimentale de sa vie, sa liaison avec Mme du Châtelet*.

Enfin achevées, les *Lettres philosophiques* (1734) offrent le premier manifeste des Lumières*. Elles sont condamnées au feu et leur auteur à la Bastille. Voltaire se réfugie alors en Lorraine à Cirey, dans le château de Mme du Châtelet. Il s'y fait métaphysicien*, physicien, chimiste, mathématicien, économiste et historien sans cesser d'être poète. De retour à Paris, il publie la satire du *Mondain* (1736). Sa dérision du rigorisme chrétien fait scandale et l'oblige encore à fuir quelques mois en Hollande. C'est l'occasion de ses premières relations épistolaires avec le prince royal de Prusse, le futur Frédéric II*. L'orage passé, Voltaire revient à Cirey, d'où il publie son *Traité de métaphysique*, les *Éléments de la philosophie de Newton* et les *Discours en vers sur l'homme*. Les premiers chapitres de son *Siècle de Louis XIV* sont saisis l'année suivante : Voltaire demeure suspect. Il se tourne alors vers le théâtre ; ses tragédies deviennent idéologiques, *Mahomet ou le Fanatisme* est interdit à Paris.

En 1744 son ancien condisciple, d'Argenson*, devenu ministre, rappelle Voltaire à Paris. Protégé par Mme de Pompadour*, l'écrivain triomphe à la cour : historiographe du roi, gentilhomme ordinaire de la Chambre, académicien, il célèbre les fastes du règne avec un poème, *La Bataille de Fontenoy*, et réussit même à faire accepter la dédicace de *Mahomet* par le pape Benoît XIV. C'est l'époque où sa jeune nièce, Mme Denis*, devient sa maîtresse.

Les déceptions

Cependant Louis XV n'aime pas Voltaire et le disgrâcie pour un mot malheureux. L'écrivain commence à transposer dans *Zadig* ses mésaventures de courtisan. Puis il se retire en Lorraine à la cour du roi Stanislas. Bouleversé par la mort de Mme du Châtelet* (1749), il revient à Paris chez Mme Denis et cherche l'oubli dans le travail.

Depuis longtemps, Frédéric II* l'invitait à Berlin. Voltaire cède à ses instances : le 25 juin 1750 il quitte Paris, où il ne retournera qu'en février 1778. Il est d'abord fêté, croit à la possibilité de voir réalisé le «despotisme éclairé», publie son *Siècle de Louis XIV*, puis *Micromégas* (1752) et projette d'écrire avec Frédéric II une «encyclopédie de la raison» : c'est l'ébauche du futur *Dictionnaire philosophique*. Mais Voltaire ne supporte pas de partager la faveur royale avec le mathématicien et philosophe Maupertuis : il lance contre son rival la *Diatribe du docteur Akakia*, pamphlet que Frédéric II fait brûler sur les places publiques. Une fragile réconciliation n'empêche pas Voltaire de quitter Berlin en mars 1753. Emprisonné à Francfort jusqu'à ce qu'il ait restitué les manuscrits du roi, Voltaire se réfugie en Alsace et transposera ses mésaventures dans le conte de *Scarmentado* (1756).

Il faut bien se mettre à l'abri. Voltaire achète donc la propriété des Délices, à Genève, où il s'installe, mais qu'il quitte chaque hiver pour Lausanne. Sa tranquillité ne dure guère : menacé par les autorités de Genève qui lui reprochent d'avoir monté un théâtre, le philosophe commence à trouver le monde incohérent et la vie absurde. Il le montre dans le *Poème sur la loi naturelle*, profession de foi déiste dirigée contre tous les fanatismes, dans l'*Essai sur les mœurs*, véritable sottisier universel, et dans le *Poème sur le désastre de Lisbonne*. Il inspire à d'Alembert l'article «Genève» de l'*Encyclopédie*, qui suscite la tempête chez les pasteurs genevois. Pour assurer définitivement sa sécurité, Voltaire achète les propriétés de Ferney et de Tourney situées sur la frontière franco-suisse. La révocation du privilège de l'*Encyclopédie*, au moment où il publie *Candide* (1759), le convainc définitivement que les philosophes doivent mener la lutte loin de Paris.

«Écraser l'infâme»

Voltaire va ainsi passer les dix-huit dernières années de sa vie dans son château de Ferney, recevant des visiteurs venus de toute l'Europe, jouant avec eux la tragédie et gardant un contact suivi avec des correspondants illustres (d'Alembert, Choiseul, Diderot, Richelieu, Turgot, Frédéric II, Catherine II...). Son horizon s'élargit, il prend parti sur tout. À Ferney, il pratique une politique d'investissement rural, fait défricher les landes, introduit la charrue à semoirs, crée une tannerie, un atelier de bas de soie et une fabrique de montres.

En politique intérieure française, c'est lui qui anime le parti des philosophes et lance dès 1759 le mot d'ordre «écraser l'infâme». Il apparaît comme le champion de la justice en obtenant après trois ans de lutte acharnée la réhabilitation du protestant Jean Calas, accusé sans preuve du meurtre de son fils et exécuté dans une atmosphère de passion fanatique que stigmatise son *Traité sur la tolérance* (1763). En suscitant de véritables campagnes d'opinion, l'«homme des Calas» essaie de redresser d'autres iniquités.

Dans la bataille philosophique, Voltaire lance des contes (*L'Ingénu*, *La Princesse de Babylone*), des tragédies à thèse comme *Les Scythes*, et un ouvrage de vaste audience, le *Dictionnaire philosophique portatif* (1764), complété de 1770 à 1772 par neuf volumes de *Questions sur l'Encyclopédie*. Mais ses œuvres préférées sont les dialogues et les pamphlets dont il crible ses principaux adversaires : Rousseau, la Sorbonne, les Parlements, les Jésuites.

Le sacre de l'écrivain

Le rêve du despotisme éclairé* s'effrite : Voltaire est cruellement déçu par le partage de la Pologne entre Frédéric II et Catherine II. Sa santé décline et sa nièce s'ennuie loin de la capitale. Il songe à regagner Paris quand débute le règne de Louis XVI. Il appuie les premières mesures du ministre Turgot et le soutient dans la «guerre des farines» en écrivant une *Diatribe à l'auteur des éphémérides*. Mais Turgot est disgrâcié et le retour différé.

Plus le temps passe, plus la fringale de Paris gagne Voltaire : il se décide à quitter Ferney le 5 février 1778. Son retour à Paris suscite des manifestations d'enthousiasme populaire qui annoncent le déclin d'une monarchie incapable d'exercer son autorité. Épuisé par une succession de réceptions, par la révision de ses œuvres complètes et par l'ultime triomphe que lui réservent les Comédiens-Français et le public lors de la sixième représentation de sa tragédie *Irène*, Voltaire meurt le 30 mai 1778. «L'apostolat débouchant sur l'apothéose» (Lanson), c'est le défenseur des Calas que le peuple de Paris conduit au Panthéon en 1792.

REPÈRES

VIE ET ŒUVRE DE VOLTAIRE	CONTEXTE POLITIQUE, SOCIAL ET CULTUREL
1694 Naissance de François Marie Arouet.	
	1700 →1710 Controverse autour du problème du mal à partir du paradoxe de Bayle.
1704 Études au collège Louis-le-Grand puis études de droit à Paris.	
	1710 Leibniz : *Essais de Théodicée*.
1713 Secrétaire d'ambassade à La Haye. Errance à travers les milieux aristocratiques à Paris.	
	1715 →1723 La Régence.
1716 Exil dû à des écrits satiriques. Onze mois à la Bastille.	1716 Mort de Leibniz.
1718 Adoption du nom de Voltaire. *Œdipe*. Amitié avec lord Bolingbroke. Voyages en Belgique, en Hollande.	
	1723 →1774 Louis XV.
1726 Envoi à la Bastille puis exil en Angleterre.	
1728 *La Henriade*.	
1731 *Histoire de Charles XII*.	
1732 *Zaïre*.	
1733 *Le Temple du goût*.	1733 Pope : *Essai sur l'homme*. Guerre de succession de Pologne.
1734 *Lettres philosophiques*, condamnées au feu. Exil en Lorraine chez Madame du Châtelet. Initiation à la physique et à la philosophie scientifique.	1734 Montesquieu : *Considérations sur les causes de la grandeur des Romains*...
1736 *Le Mondain*. Exil en Hollande. Rencontre de la comtesse de Bentinck. *Épître à Madame du Châtelet sur la philosophie de Newton*.	1736 → 1745 Calcul du méridien terrestre par Maupertuis, Celsius, Camus, La Condamine.

VIE ET ŒUVRE DE VOLTAIRE	CONTEXTE POLITIQUE, SOCIAL ET CULTUREL
1737 *Traité de métaphysique*. *Essai sur la nature du feu*.	
1738 *Discours sur l'Homme* (poèmes philosophiques). Saisie des premiers chapitres du *Siècle de Louis XIV*. Lecture des œuvres de Wolff, disciple de Leibniz.	1738 Paix de Vienne.
1739 Lecture de *La Théodicée*.	1739 Hume : *Traité de la nature*.
	1740 → 1786 Frédéric II, roi de Prusse. 1740 Madame du Châtelet : *Institutions de physique* (référence à Leibniz).
	1741 Guerre de succession d'Autriche.
1742 *Mahomet ou le Fanatisme* (pièce interdite). *Mérope*.	
1744 Triomphe à la Cour : Voltaire historiographe du roi. Élu à l'Académie française. *La Bataille de Fontenoy*.	1744 → 1758 Guerre coloniale avec l'Angleterre.
1747 Exil à Sceaux.	
1748 *Babouc ou le Monde comme il va*. *Zadig ou la Destinée*.	1748 Traité d'Aix-la-Chapelle. Montesquieu : *De l'esprit des lois*.
1749 *Memnon*.	1749 Mort de Madame du Châtelet.
1750 →1753 Invité à Berlin par Frédéric II. Chambellan du roi de Prusse en concurrence avec Maupertuis.	1750 → 1755 *Discours* de Rousseau.
1751 *Le Siècle de Louis XIV*.	1751 Premier tome de l'*Encyclopédie*.
1752 *Micromégas*. *Poème sur la Loi naturelle*.	1752 Débuts de la Querelle des Bouffons.
1753 Séquestré à Francfort puis exilé.	
	1754 Mort de Wolff. Début de la guerre contre les Anglais au Canada.

1755 Installation dans la propriété Les Délices à Genève.	1755 Désastre de Lisbonne.
1756 *Poème sur le désastre de Lisbonne. Examen de cet axiome : tout est bien. L'Histoire des voyages de Scarmentado.* Correspondance avec la duchesse de Saxe-Gotha puis *Essai sur les mœurs.*	1756 Début de la guerre de Sept Ans : Frédéric II envahit la Saxe. Rousseau : Lettre à Voltaire réfutant le *Poème sur le désastre de Lisbonne* et affirmant que «tout est bien».
	1757 Article «Genève» dans l'*Encyclopédie*, inspiré à d'Alembert par Voltaire. Attentat de Damiens contre Louis XV. Exécution à Londres de l'amiral Byng. Victoire des Prussiens sur les Français à Rossbach.
1758 Début de la rédaction de *Candide* (janvier). Séjour à Schwetzingen chez l'Électeur Palatin. Reprise de la rédaction de *Candide* (juillet-août). Retour aux Délices et rupture avec la comtesse de Bentinck (octobre). Installation dans la propriété de Ferney et Tourney. Fin de la rédaction de *Candide* (décembre).	1758 D'Alembert abandonne l'*Encyclopédie*. Helvétius : *De l'esprit*.
1759 *Candide,* aussitôt critiqué, mais immense succès.	1759 Révocation du privilège de l'*Encyclopédie*.
1760 *Tancrède*.	
1762 Condamnation de *Candide*.	1762 Rousseau : *Du contrat social* et *Émile*. Lettres à M. de Malesherbes. Partage de la Pologne entre Frédéric II et Catherine II.
1763 *Traité sur la tolérance*.	1763 Traité de Paris. Condamnation des francs-maçons, expulsion des Jésuites.
1764 *Dictionnaire philosophique portatif*.	
1765 *La Philosophie de l'histoire*. Voltaire champion de la justice.	1765 →1773 Diderot : *Jacques le Fataliste*. Émeutes de la faim. 1765 Réhabilitation de Jean Calas.

VIE ET ŒUVRE DE VOLTAIRE	CONTEXTE POLITIQUE, SOCIAL ET CULTUREL
1767 Jeannot et Colin. *L'Ingénu.* *La Princesse de Babylone.* *Les Guèbres.*	
	1769 Diderot : *Le Rêve de d'Alembert.*
1770 → 1772 Neuf volumes de *Questions sur l'Encyclopédie.* Dialogues et pamphlets. *Diatribe à l'auteur des Ephémérides.*	
	1774 →1793 Louis XVI.
	1774 →1778 Turgot, puis Necker (1776) ministres.
	1776 Indépendance des États-Unis.
1778 Retour triomphal à Paris. *Irène.* Mort le 30 mai.	
	1783 Traité de Versailles.
1792 Inhumation au Panthéon.	

Synthèse littéraire

«Écho sonore» de son siècle, Voltaire en est plus encore un élément moteur. Ce n'est pas un hasard si le titre d'ensemble choisi par René Pomeau pour les cinq volumes de sa récente biographie, *Voltaire en son temps*, souligne l'étroite participation de l'écrivain à son époque. Plus que tout autre, Voltaire s'intéresse à chaque découverte, chaque ambition, ou chaque idée de son époque, l'approuve et l'adopte ou bien la combat et la fait proscrire.

UN FILS DE LOCKE ET DE NEWTON

À la fin du règne de Louis XIV et sous la Régence, la figure du Roi-Soleil continue à marquer les esprits. Autocrate intolérant et bigot pour les uns, c'est pour les autres un monarque qui a domestiqué la noblesse, appelé au pouvoir la bourgeoisie, réussi la centralisation administrative et spirituelle de la France et fait converger tous les efforts de la nation vers une splendeur proche de la perfection. Nostalgique du Grand Siècle, dont il retient l'épanouissement de l'industrie et du commerce, des arts et de la civilisation, Voltaire en admet la forme politique et n'en condamne que modérément les excès. Il pousse néanmoins un soupir de soulagement lors de la Régence, dont il attend l'encouragement aux mutations d'une société considérée jusque-là comme inébranlable.

Si son désir de changement respecte le régime royal, sa contestation religieuse apparaît beaucoup plus âpre. Voltaire, comme ses contemporains, se sent à l'aise dans un rationalisme* au contact des faits et des certitudes vérifiables. Sa génération, celle de 1720, découvre Locke* et sa théorie de la connaissance – les idées les plus abstraites, et même l'idée de dieu, sont uniquement des sensations élaborées selon des processus analysés par l'*Essai sur l'entendement humain* –, puis en fait la base de la philosophie française des Lumières*. Ce n'est donc pas un hasard si quatre des *Lettres philosophiques* célèbrent Locke*, Bacon*, «père de la philosophie expérimentale», et Newton* dont les découvertes scientifiques mettent l'humanité «sur la voie de la vérité». Voltaire applique le newtonisme* et l'empirisme* à tous les domaines, y compris la religion. Il découvre aussi en Angleterre un déisme* «naturel» et raisonnable et une liberté de pensée qui sous-tend pour lui une vision de l'homme et un projet de société.

DE NOUVEAUX HORIZONS CULTURELS

Voltaire lit aussi Malebranche la plume à la main et rencontre dans *De la recherche de la vérité* un inventaire des erreurs dues aux sens, à l'imagination, à l'entendement, aux inclinations et aux passions, ainsi qu'une psychologie de la superstition et du fanatisme qui inspire son rationalisme*. Il ne faut donc pas s'étonner de l'intérêt marqué par le philosophe pour la radicalisation de la critique de la Bible menée par l'oratorien Richard Simon, tout comme pour les vingt-trois volumes de l'innocent *Commentaire littéral sur tous les livres de l'Ancien et du Nouveau Testament* où, de 1706 à 1726, le bénédictin Dom Calmet accumule des gloses consciencieuses : cet énorme ouvrage offre involontairement à Voltaire le meilleur des arsenaux pour attaquer les incohérences de la Bible et, par suite, des fondements de la religion chrétienne. La voie lui a été ouverte par Bayle*, dont le *Dictionnaire philosophique et critique* (1697) vulgarise l'esprit d'examen en matière de religion comme dans tous les domaines qui intéressent la société des hommes et annonce la philosophie telle que va l'entendre le XVIIIe siècle.

La pensée critique est favorisée par l'élargissement des horizons. Si Montesquieu tire profit des analyses effectuées en Perse par Chardin, Voltaire se passionne pour les *Mille et Une Nuits* que Galland traduit en 1704 et pour les *Lettres curieuses et édifiantes sur les Chinois* publiées par les missionnaires jésuites, chez qui il découvre un des thèmes les plus persuasifs de la propagande philosophique, celui du sage et vertueux Chinois professant une religion pure. Il découvre enfin, dans le prolongement de la littérature des voyages, l'utopie* permettant à des libertins* de prêter leurs pensées personnelles à des peuples fictifs : il s'en inspirera en dépeignant l'Eldorado dans *Candide* ou le royaume des Gangarides dans *La Princesse de Babylone*.

DU CLASSICISME À L'ENGAGEMENT

Si les préocupations philosophiques s'insinuent jusque dans les salons, la société mondaine perpétue le souci du beau langage et assure la survivance d'un goût fondé sur un sens très exigeant de la civilisation. Ce goût s'oppose au lyrisme et trouve dans le théâtre le terrain favori de son esthétique : malgré la concurrence croissante du roman, la tragédie continue à s'imposer comme le genre noble et Voltaire y cherche immédiatement la consécration littéraire et sociale : pendant des années il prépare sa première grande pièce, *Œdipe,* dont le succès le transforme en successeur de Corneille et de Racine. Mais il faut aussi déceler dans cette tragédie les audaces d'une pensée libertine* préludant aux combats contre le fanatisme* et la superstition. Soucieux de plaire et de se rendre utile, l'écrivain se situe bien avant 1730 dans la ligne du pamphlet anonyme *Le Philosophe* (dont va s'inspirer Dumarsais dans l'article «Philosophe» de l'*Encyclopédie*) et c'est en toute connaissance de cause qu'il emploie l'adjectif «philosophique»* dans ses *Lettres anglaises.*

Les débuts de Voltaire comme littérateur classique montrent donc que chez lui la conformité à l'ordre relève de l'apparence et de la tactique. Quand *La Ligue* fait de lui le grand poète épique français, Voltaire n'obtient ni approbation ni privilège : cette œuvre généreuse, à la gloire de la tolérance, l'engage dans sa voie véritable, celle d'un opposant, symbole de l'émancipation.

Il découvre ainsi progressivement la puissance corrosive de son style : l'embastillement et l'exil anglais lui inspirent ses *Lettres philosophiques.* Ces *Lettres* – le premier de ses livres à être brûlé – le classent parmi les écrivains suspects. Obligé pour survivre de garder sous clé son *Traité de métaphysique,* le poème *La Pucelle* et les commentaires sur la Bible, il doit attendre son séjour à Berlin pour pouvoir publier *Le Siècle de Louis XIV.* Dès sa jeunesse Voltaire avait estimé le prix à payer pour la liberté : «Je finirai par renoncer à mon pays ou à la passion de penser tout haut.»

UNE SECONDE CARRIÈRE

Tantôt toléré, tantôt indésirable, Voltaire quitte Paris en 1750, au moment où disparaissent ou vont disparaître les principaux écrivains de sa génération : Lesage, Montesquieu, Marivaux, Prévost. La douloureuse solitude où le laisse la mort de Mme du Châtelet le pousse à chercher auprès de Frédéric II le réconfort d'une amitié royale, mais il compte aussi participer à une grande entreprise philosophique avec des adversaires déclarés de l'Église comme La Mettrie*, Maupertuis* ou l'abbé de Prades, un collaborateur de l'*Encyclopédie* banni de France pour ses thèses déistes*. Ce milieu favorable déchaîne l'antichristianisme de Voltaire et quand Frédéric II lance l'idée d'un « dictionnaire philosophique », l'écrivain s'enthousiasme et rédige aussitôt plusieurs articles. Entre temps, il fait dans *Le Siècle de Louis XIV* l'histoire d'une révolution de l'esprit humain commencée sous le Roi-Soleil, continuée par les philosophes et qui rend insupportable « la barbarie welche et gothique persistant dans le Siècle des Lumières ».

Sa brouille avec Frédéric II ôte à Voltaire ses dernières illusions sur le « roi-philosophe ». En trois ans de séjour berlinois, il a beaucoup appris sur la politique, la parole des rois, le pouvoir des intellectuels et son expérience accentue encore son cosmopolitisme. Et surtout, à près de soixante ans, il est devenu pleinement lui-même : il prend rang dans la génération novatrice de Diderot, de Rousseau et de l'*Encyclopédie*. Même si son déisme* est un peu dépassé par le matérialisme* de Diderot, Voltaire s'impose par sa pugnacité comme le plus redoutable des philosophes. Dans cette seconde partie de sa carrière, l'écrivain exerce une sorte de royauté intellectuelle : la gloire et le succès lui confèrent une influence européenne. Il dispute avec Rousseau de la valeur de la civilisation et, face à d'Holbach, il réfute énergiquement l'athéisme. Dans cette dernière période, sa vie éclatante éclaire après coup ses œuvres antérieures.

LA CONSOLATION DES CONTES

La gloire ne met pas toujours à l'abri des errances et des menaces. Au sortir du guêpier berlinois, Voltaire, chassé de partout, transpose son écœurement et son horreur dans les aventures de *Scarmentado*. Pour Voltaire toujours en danger, conter constitue une façon de triompher des hommes et des événements : c'est « l'exercice gratuit du droit d'être ailleurs et un autre, pour échapper au destin d'être là et maintenant » (Sylvain Menant) : quand l'hiver 1757-1758 ajoute aux horreurs de la guerre et du tremblement de terre les menaces des pasteurs genevois et l'abandon de la comtesse de Bentinck*, l'écrivain libère dans *Candide* son imagination, ses obsessions fondamentales et ses fantasmes.

La création de contes offre également à Voltaire un moyen de diffuser agréablement une réponse philosophique aux questions posées par le monde qui l'écrase ou par les hommes qu'il veut. Le héros de *L'Ingénu* – un conte sorti de Ferney en pleine campagne contre l'infâme, au moment où Voltaire cherche à remplacer le christianisme d'État par un théisme* s'épanouissant dans une société éclairée – représente toutes les victimes de l'arbitraire que Voltaire essaie de sauver ou de faire réhabiliter : l'affaire du chevalier de La Barre commence et l'affaire Calas n'est pas encore bien loin.

L'ENGAGEMENT DE L'ÉCRIVAIN

Convaincu de l'innocence de Calas roué vif, étranglé et brûlé à Toulouse en 1762, Voltaire entreprend une véritable campagne d'opinion : son immense réseau de correspondants lui sert à ameuter l'Europe entière ; il multiplie les «avis», les réquisitoires ou les intercessions et son acharnement ne se relâche pas quand il obtient la réhabilitation posthume de l'innocent. Champion de l'équité, il rapproche l'affaire des nouveaux dénis de justice qu'il pourchasse. Voltaire agit en journaliste engagé qui saisit toutes les opportunités pour assurer la diffusion de ses idées dans le public.

C'est l'époque où il mène une ardente guérilla pour déconsidérer le clergé, les dévots et la religion chrétienne. Sa production polémique, où le sublime côtoie le bouffon, impose sa pensée au lecteur à coups de libelles et de pamphlets : avec une âpreté croissante, il dénonce «l'infâme», ce «pouvoir despotique» exercé sur les âmes. Voltaire estime que le fanatisme rend l'homme capable des pires forfaits, mais il ne vise pas seulement les guerres de Religion ou l'Inquisition. L'infâme revêt pour lui des visages multiples et représente toute idéologie de nature totalitaire visant à un embrigadement des consciences. Cette méfiance à l'encontre de toute orthodoxie explique la réserve critique de l'écrivain envers ses amis philosophes doctrinaires du matérialisme* naissant : tout dogme, y compris celui de l'athéisme*, lui est suspect.

La correspondance de Voltaire reflète ses combats contre le fanatisme et l'injustice. Sa stratégie consiste à enrôler des gens influents, Frédéric II, la tsarine Elisabeth, puis Catherine II de Russie, Mme de Pompadour : l'écrivain est convaincu que les masses suivront les milieux cultivés et formeront des cadres «éclairés». C'est pourquoi ses idées circulent entre ses contes, ses pamphlets et ses lettres du moment. Cette correspondance où il joue sa vie «comme une pièce inlassablement décrite» et recherche la connivence à travers l'Europe explique l'homme et permet de mieux comprendre l'aventure intellectuelle du XVIIIe siècle.

LES «SOMMES» DE VOLTAIRE

La prolifération des œuvres fragmentaires, inscrivant l'action philosophique dans la réalité quotidienne, n'empêche nullement l'écrivain d'édifier de grands ensembles littéraires, tant sont prodigieuses sa vitalité et sa fécondité. Au théâtre d'abord, Voltaire est à lui seul la tragédie entre 1730 et 1778 : il écrit vingt-sept tragédies – davantage que Corneille et deux fois plus que Racine –, régénérant d'abord la scène à la source shakespearienne, revenant aux Grecs de *Mérope* (1743) à *Tancrède* (1760), éblouissant le spectateur par le cadre oriental dans *L'Orphelin de la Chine* ou par la mise en scène dans *Olympie* (1762), orientant enfin le genre vers la propagande philosophique et la polémique d'*Olympie* à *Irène* (1778). Il précise même sa doctrine dans un monumental *Commentaire sur Corneille* où il analyse page par page les œuvres de son devancier.

Car Voltaire préfère les grandes œuvres en prose pour exposer sa pensée. Il travaille de 1741 à 1756 à l'*Essai sur les mœurs*, le complète en 1765 avec la *Philosophie de l'histoire* et l'enrichit encore en 1778 : l'œuvre, née d'un élargissement du *Siècle de Louis XIV*, devient progressivement une histoire générale et universelle. Suggérant une lente évolution de l'humanité tempérée par un rythme cyclique, Voltaire fait de l'*Essai* une des «sommes» fondamentales de la philosophie des Lumières.

Cet ouvrage fournit également de multiples exemples à la réflexion sur l'homme qui est au centre de la pensée voltairienne. L'écrivain y puise à loisir quand il rédige le *Dictionnaire philosophique* ou les *Questions sur l'Encyclopédie*, ces imposantes machines de guerre qui se réclament des valeurs prônées par la philosophie des Lumières : raison, tolérance, justice. Rassemblés sans distinction dans la plupart des éditions successives, leurs six cents articles utilisent toute la gamme des genres en prose et rendent accessibles les grands problèmes idéologiques : vulgarisateur de génie, Voltaire instaure le pouvoir de l'écrit avec un ouvrage évolutif visant à modifier le monde et incitant l'homme à gouverner son destin.

«UNE GRANDE RÉVOLUTION...»

Quand il combat «la rage de dominer», l'injustice, «la tyrannie exercée sur les âmes», les multiples visages de l'infâme ou toutes les formes de l'aliénation, Voltaire répond aux principales questions que se pose le lecteur de son siècle et encore souvent le lecteur de notre époque. Son héroïsme, qui consiste à regarder le monde en face, vaut les acclamations de Paris au défenseur des Calas quand il revient d'un exil de vingt-huit années. C'est l'héroïsme lucide d'un homme qui vit la crise secouant son siècle, mais non celui d'un révolutionnaire, même si telle de ses lettres, écrite en 1764, apparaît a posteriori prophétique : «Tout ce que je vois jette les semences d'une révolution qui arrivera immanquablement, et dont je n'aurai pas le plaisir d'être témoin [...] La lumière s'est tellement répandue de proche en proche, qu'on éclatera à la première occasion ; et alors ce sera un beau tapage.»

Un optimisme prématuré conduit Lanson à écrire au début du XXe siècle que «la pensée voltairienne n'a plus d'avenir» puisqu'avec la fondation de la Troisième République, son programme libéral est réalisé. La grandeur de l'écrivain est contestée à la même époque par les tenants de l'inconscient, de l'introspection, du spiritualisme claudélien, du conformisme religieux, du socialisme optimiste, du verbalisme sociologique ou du nationalisme barrésien. Cette injustice, qui conduit même à qualifier d'antipoète un homme ayant incarné la poésie durant son siècle, a tourné court. Il a suffi que la vigilance contre les préjugés et le fanatisme se relâche, observe Emmanuel Berl, pour «que les innocents soient persécutés, les enfants torturés, les filles violentées et les défenseurs de la raison bâillonnés». L'ironie de Voltaire, ses sarcasmes, son rire grinçant, sa distanciation des mots aux choses offrent toujours, quand les droits de l'homme sont menacés ou supprimés, le meilleur des antidotes contre les complaisances, les aberrations, les persécutions et toutes les idéologies à vocation totalitaire.

Voltaire écrivant.
Gravure de 1765.

Les grandes œuvres

Le précurseur de la philosophie des Lumières

Lettres philosophiques (1734)

HISTOIRE DE L'ŒUVRE

Les *Lettres anglaises* de Voltaire, devenues très vite *Lettres philosophiques*, offrent un témoignage sur une expérience douloureusement ressentie et qui marque à jamais l'écrivain. L'ouvrage va s'imposer comme un texte majeur de la philosophie des Lumières et constituer une machine de guerre où Voltaire puisera des armes au cours de toutes ses luttes ultérieures.

Avant même son exil outre-Manche, Voltaire lisait Locke*, mais c'est en Angleterre qu'il devient l'auteur des *Lettres philosophiques*. Dès 1726, il esquisse pour son ami Thiriot le dessein de «Lettres de voyage» mettant en relief la différence entre la patrie du visiteur et le pays visité, une «nation de philosophes». En janvier 1728, il annonce son projet de donner une relation de son voyage en Angleterre : il souhaite déjà proposer à ses compatriotes des modèles anglais dont ils puissent tirer profit, tout en distrayant par la description des contradictions propres à cette étrange nation. Entre janvier et novembre 1728, date de son retour en France, il rédige en anglais le manuscrit comportant la majeure partie de quatorze lettres : religion, politique, condition sociale de l'écrivain et littérature sont traitées à cette époque.

Revenu en France, Voltaire se consacre à la tragédie et à son *Histoire de Charles XII* (1731) où il développe une philosophie de l'histoire qui est au cœur des *Lettres philosophiques*. Le sort révoltant de l'actrice Adrienne Lecouvreur – dont le corps est jeté à la voirie – lui fait éprouver l'urgence de diffuser en France la leçon de l'Angleterre, pays de liberté où la dignité de l'artiste est reconnue. Voltaire reprend ses lettres et y travaille en 1731-1732 : récrivant en français les lettres rédigées en anglais quelques années plus tôt, il en introduit de nouvelles, plus «philosophiques», sur la tolérance, sur Newton*, sur Locke* ou «sur l'insertion de la petite vérole».

L'ouvrage est prêt en 1732. Les entraves et la pratique de la clandestinité imposées aux publications conduisent Voltaire à faire imprimer simultanément en Angleterre ses *Letters Concerning the English Nation*, sorties à Londres en août 1733, leur traduction en français, *Lettres anglaises*, diffusée toujours à Londres en mars 1734 et, à Rouen, une autre édition en français. Celle-ci est augmentée d'une vingt-cinquième lettre sur Pascal et intitulée *Lettres philosophiques*. Sa mise en vente suscite le scandale, l'arrestation du libraire et le lancement d'une lettre de cachet contre l'écrivain.

RÉSUMÉ

Six grandes rubriques

1. Religion (I à VII) : Quatre lettres sur la secte des quakers* racontent la conversation de Voltaire avec «le plus célèbre quaker d'Angleterre», Andrew Pitt. La première lettre souligne la tolérance des quakers et leur ouverture d'esprit qui portent implicitement condamnation des religions dominatrices comme le catholicisme. La lettre II dépeint une assemblée de quakers, souligne l'absence de prêtres dans cette secte et le pur déisme de ses zélateurs. La sympathie de Voltaire se refroidit quand il observe les pratiques mystiques du fondateur de la secte et son prosélytisme proche de la plus étroite superstition (lettre

III). Les persécutions des quakers relatées dans la lettre IV expliquent leur émigration en Amérique et la fondation par William Penn de la Pennsylvanie, terre d'asile et de liberté. La lettre V critique le dogmatisme et l'intolérance des anglicans, puis la satire des presbytériens menée dans la lettre VI cède soudain la place à la réconciliation de toutes les sectes et religions dans le temple londonien des valeurs bourgeoises. Quant à la lettre VII, elle se montre favorable aux sociniens ou ariens et à Clarke dans la mesure où ce sont presque des déistes.

2. Politique (VIII et IX) : Passant de la religion à la politique, Voltaire note que les Français sont demeurés «fanatiques», alors que les Anglais ont appris la tolérance. Des révolutions d'Angleterre ont jailli des libertés enviables et l'équilibre des pouvoirs (lettre VIII). Le mérite de cette transformation incombe historiquement au peuple et non à l'aristocratie heureusement tenue en laisse (lettre IX).

3. Économie et Société (X, XI, XX, XXI, XXII, XXIV) : La richesse et la puissance politique de l'Angleterre sont dues aux négociants : le commerce et la liberté sont interdépendants (lettre X). La démographie est liée à l'économie : les Anglais sauvent leurs élites par la vaccination contre la petite vérole (lettre XI). Et la liberté d'expression, si contestée en France, va de pair avec le système politique anglais, l'essor des lettres (lettre XX) et un renversement des valeurs sociales : les aristocrates anglais ne croient pas déroger en se consacrant à la poésie (lettre XXI). La lettre XXII demande donc pour les gens de lettres le respect mérité par leur excellence et la lettre XXIV pose le problème des rapports entre l'État et la société d'une part, les intellectuels et les savants de l'autre.

4. Philosophie et Science (XII à XVII) : La vie de Bacon*, illustrée par des anecdotes, montre que le «père de la philosophie» a davantage mérité du genre humain par sa «saine philosophie» que par sa carrière d'homme d'État (lettre XII). Locke*, insistant sur le rôle fondamental de l'expérience, a fait de l'empirisme une arme contre la métaphysique. Il doit être rangé parmi les grands noms de la science moderne (lettre XIII), tout comme Newton*, dont la philosophie dépasse celle de Descartes* (lettre XIV) et que ses découvertes dans les domaines de l'attraction terrestre (lettre XV), de l'optique (lettre XVI) et de l'infini (lettre XVII) mettent au premier rang des savants de tous les temps.

5. Littérature (XVIII, XIX, XXI, XXII): La lettre XVIII présente la tragédie anglaise et souligne la force de Shakespeare, illustrée par quelques citations traduites par Voltaire lui-même. La lettre XIX compare le théâtre comique anglais à celui de Molière et les lettres XXI et XXII offrent un panorama de la poésie, dominée par Pope*.

6. L'Anti-Pascal (XXV): L'ouvrage s'achève par un vingt-cinquième chapitre offrant un commentaire critique qui s'inscrit en faux contre quelques pensées de Pascal. Voltaire conteste le style mystique* de Pascal, son apologétique*, la théorie des ordres différents, l'affirmation de l'ennui existentiel et son angoisse métaphysique*. Il leur oppose une pratique de l'action, une attitude rationaliste*, une morale de la générosité, un modèle de la civilisation et un humanisme sans illusions.

COMMENTAIRE

L'ENQUÊTE SUR LES RELIGIONS

Exilé en Angleterre, Voltaire fait l'expérience de vivre en terre hérétique : c'est l'occasion pour lui d'entreprendre une enquête psychologique et sociologique sur la naissance des religions. Il présente la religion anglicane, prépondérante en Angleterre, comme moins intolérante que le catholicisme. Le pouvoir politique bride ses ambitions séculières et les mœurs de son clergé sont moins contestables que celles du clergé français et ridiculise l'austérité des presbytériens comparable à celle des protestants. Mais la position stratégique des lettres sur les quakers, en tête du recueil, souligne l'importance que Voltaire attache à cette secte. Au-delà du reportage plaisant, il veut montrer par l'exemple de George Fox comment naît une religion : un «enthousiasme» dont la conviction, la constance dans les supplices et les persécutions gagnent le cœur du peuple; «On avait des convulsions et on croyait avoir le Saint-Esprit. Il leur fallait quelques miracles et ils en firent.» Sans nier la sincérité de la prédication évangélique et du mysticisme* religieux, Voltaire les condamne, car ils sont irrationnels et ne peuvent convaincre que les ignorants. La religion naissante se confond donc avec la superstition et suscite l'ironie du philosophe. Mais Voltaire trouve chez ces hérétiques des conceptions qui rejoignent sa condamnation du catholicisme : le quaker de la lettre I critique le baptême et le formalisme des sacrements. Sa religion, purement spirituelle*, refuse tout appareil ecclésiastique et Voltaire lui sait gré de dénoncer l'usurpation des prêtres, l'autorité qu'ils acquièrent par leur costume et leur volonté de puissance séculière.

En fait Voltaire, sensible aux vertus des quakers – cordialité, égalitarisme, liberté à l'égard des puissants, fraternité, haine de la guerre, tolérance – , tire leur secte vers le déisme. Il forme ainsi une grande idée du futur patriarche : « Unir la philosophie et la religion... en présentant le tableau optimiste d'un théisme respectueux, déjà répandu par le monde, enfin ébaucher le rêve d'une Salente respectueuse et sereine, comme la Pennsylvanie des quakers ou la Caroline de Locke » (Raymond Naves). Cette confiance dans une évolution vers un déisme général domine un reportage sur la religion anglaise mené par un historien des mœurs. Convaincu que l'affaiblissement de l'esprit religieux résulte obligatoirement des progrès de la civilisation, Voltaire se réjouit de la multiplicité des sectes, qui aboutit à leur neutralisation : « S'il n'y avait en Angleterre qu'une religion, son despotisme serait à craindre ; s'il y en avait deux, elles se couperaient la gorge ; mais il y en a trente et elles vivent en paix, heureuses. »

Enfin le philosophe établit une relation entre l'expansion du commerce et les progrès de la tolérance : les sectes, chrétiennes ou non, se réconcilient à la Bourse de Londres, car le cosmopolitisme commercial contribue à faire passer l'homme de l'âge théologique à l'âge positif*. Les *Lettres philosophiques* annoncent donc le règne de la raison et du déisme, que Voltaire définit dès 1734 dans son *Traité de métaphysique*.

L'ÉLOGE DE LA LIBERTÉ POLITIQUE

Au début du XVIIIe siècle, les Anglais passent en France pour les ennemis héréditaires et pour des fanatiques assassins de leur roi. Le Régent et le Cardinal Dubois ont renversé les alliances ; Voltaire à son tour retourne la signification des révolutions d'Angleterre, montrant qu'en sont sorties des libertés enviables aux yeux d'un Français raisonnable. La lettre VIII sur le Parlement marque justement le passage de l'acceptation du terme « révolution » à un sens positif* : longtemps synonyme de troubles fomentés par la populace, il devient ici mutation politique fondamentale et progrès décisif. Une nation a su éclairer la route que toutes les autres communautés politiques devront suivre tôt ou tard. La liberté anglaise n'est pas le résultat d'un contrat initial, mais la conséquence de longues et complexes luttes sociales et politiques : c'est tout un peuple qui s'est forgé peu à peu, face au roi, une existence heureuse et libre. Le contrôle de la monarchie française, en limitant l'arbitraire, garantirait les libertés conquises par l'Angleterre et dont la France est dépourvue : Voltaire vient d'en faire la cruelle expérience.

Cet éloge de la monarchie parlementaire anglaise glisse sur l'âpreté du combat que, dans un système bipartite, Whigs* et Tories* se livrent pour la conquête du pouvoir. Voltaire puise aussi bien chez les conservateurs, menés par son protecteur Bolingbroke, que chez les libéraux, dirigés par son ami le Premier ministre Walpole : tout lui sert d'argument pour offrir aux Français le modèle d'une monarchie constitutionnelle tolérante et moderne. L'équilibre britannique, qui enlève à la religion toute puissance politique, favorise à la fois la paix sociale et la civilisation morale ou matérielle. La tolérance et le commerce sont tour à tour la cause et l'effet de la liberté.

UN MODÈLE SOCIO-ÉCONOMIQUE

Avec la naissance de la grande industrie et l'extension des relations commerciales, les problèmes économiques se posent à côté des problèmes politiques. Voltaire pressent les bouleversements qui vont se produire dans la société moderne. Pour y faire face, il propose le modèle anglais (une classe marchande définie par sa pratique économique puisque nobles et roturiers la composent et possèdent le pouvoir réel) comme un exemple à imiter, bien préférable à l'intégration souhaitée en France par une bourgeoisie qui cesse d'être marchande en achetant les charges qui lui permettent d'accéder à la noblesse. Ce modèle implique une complète inversion des valeurs sociales ; il présente le bourgeois, libéré de l'attirance nobiliaire, comme conscient de sa valeur propre et de son utilité. Bien plus, il oppose à une aristocratie* étayée sur la naissance une élite de talents fondés sur la pratique marchande ou les activités de l'esprit. L'utilité sociale et la fonction critique de l'écrivain, quelle que soit la hardiesse d'un Pope ou d'un Swift, sont parfaitement respectées du pouvoir politique anglais. Admirable modèle pour Voltaire qui, loin d'être l'interlocuteur privilégié des gouvernants, n'a obtenu qu'une bastonnade et la Bastille.

L'ouverture d'esprit de l'élite sociale et économique se retrouve dans le rôle que joue en Angleterre le théâtre, révélateur de la civilisation raffinée d'une nation moderne. Le prestige de la scène rejaillit aussi bien sur les dramaturges que sur les acteurs (d'où le contraste symbolique entre les obsèques de Mlle Oldfield* dans l'abbaye de Westminster et l'enterrement clandestin dans un terrain vague de Mlle Lecouvreur) dans un pays qui fait d'un auteur dramatique, Addison, un secrétaire d'État et où les seigneurs cultivent les lettres. L'évolution de la société se retrouve dans l'attitude de l'écrivain «sur l'insertion de la petite vérole». Voltaire fait dans la lettre XI l'historique de la vaccination contre la variole, qu'il est le premier à vulgariser. Il témoigne de son admiration pour l'esprit des Anglais dans un problème dont il aborde les aspects démographiques : la pratique de la vaccination en France, sauvant d'une mort prématurée l'élite de la nation, assurerait le règne des Lumières à la génération suivante.

L'APOLOGIE DE L'EXPÉRIENCE

Un homme du XVIIIe siècle ne sépare pas la «philosophie naturelle» – les sciences exactes – de la «philosophie»* – les sciences humaines. Voltaire compte beaucoup sur les lettres XII à XVII, «joyau placé au centre de l'ouvrage» (André M. Rousseau), pour emporter la palme dans le domaine de la vulgarisation scientifique, qui est encore l'apanage de Fontenelle.

Les conquêtes de la science

Voltaire salue d'abord en Bacon* le pionnier de la philosophie et de la science expérimentale, puis l'oppose à Descartes* qu'il accuse d'avoir construit un système métaphysique et d'avoir voulu à tout prix découvrir dans la réalité la confirmation de ce système. Au contraire, la soumission de Bacon* à l'expérience fait sa grandeur et Voltaire retrouve la même modestie chez Newton*. Son admiration pour le savant anglais ne se fonde pas seulement sur le bilan de ses découvertes astronomiques, physiques et mathématiques, mais plus encore sur l'esprit nouveau qui les a suscitées et dont il fait l'éloge tout au long de la lettre XV. Newton recule les limites de l'univers en le rendant porméable aux lois de la raison : il apparaît comme le libérateur de l'humanité dans la mesure où il a porté le flambeau de la connaissance jusqu'aux endroits les plus reculés du monde et «arraché un secret de la nature au Créateur en proposant un système d'explication intégrale des phénomènes». Cette admiration se retrouve dans les *Éléments de la philosophie de Newton* (1738) et dans *Micromégas* (1742) : l'habitant de Sirius est redevable à Newton de cette science sans laquelle il ne pourrait passer aussi allègrement de planète en planète.

Une révolution intellectuelle

Malgré ses connaissances scientifiques encore limitées – et qu'il approfondira considérablement avec l'aide de Mme du Châtelet*, pour rédiger ses *Éléments* –, Voltaire est conscient de la modicité des moyens employés par Newton dans ses découvertes, aussi prodigieuses soient-elles. Pour lui le génie de Newton, observant une pomme qui tombe d'un arbre, consiste à s'en étonner, puis à rapprocher la pesanteur terrestre du mouvement des astres, à les enfermer dans une même formule mathématique. Son outil essentiel, et presque suffisant, n'est-il pas la raison universelle ? Conforté par la simplicité des moyens et la splendeur des fins, Voltaire se sent délivré du doute : il peut larder de traits acérés les métaphysiciens, discréditer la théologie et donner une orientation nouvelle à la pensée ; il la reporte vers les objets positifs* des sciences ou vers une psychologie et une morale toutes sensualistes*.

Après avoir évoqué les théories aventureuses sur la nature de l'âme émises par les philosophes grecs, les Pères de l'Église, Descartes* ou Malebranche*, Voltaire insiste encore sur le rôle capital accordé par Locke* à l'expérience et explique pourquoi, selon le philosophe anglais, l'âme ne peut exister sans penser. Il s'oppose enfin à la théorie cartésienne des idées innées, montrant, dans une sorte de sommaire de l'*Essai sur l'entendement humain* de Locke, la nécessité de rattacher toutes nos idées à nos sensations : l'audace de la pensée anglaise, ses ruptures épistémologiques fondamentales, ses révolutions intellectuelles n'ont pu se faire jour qu'au sein d'une nation qui privilégie l'empirisme, se fie à l'observation, pose les vrais problèmes et refuse aussi bien les traditions sclérosantes que le poids absurde de l'autorité.

UNE CRITIQUE DU GOÛT

Shakespeare

Voltaire vient d'esquisser un Tableau de la littérature anglaise dans son *Essai sur la poésie épique*, rédigé en anglais et paru à Londres en 1727. Les *Lettres philosophiques* ne prétendent pas doubler cet ouvrage, mais débattre des questions de goût littéraire en révélant au public français les «beautés» des écrivains anglais. Shakespeare envoûte d'emblée le praticien du théâtre qu'est Voltaire. Ce monstre sacré du théâtre élisabéthain – Ottway semble trop sauvage à Voltaire et Addison trop poli – est adaptable dans ce qu'il a de sublime. «Si Voltaire n'avait pas été victime de Racine, observe André M. Rousseau, il eût été Victor Hugo.» Pour un élève des Jésuites et un partisan des Anciens, convaincu qu'il n'y a de littérature qu'universelle, l'existence d'un grand théâtre moderne pose une question troublante. Et l'enthousiasme de Voltaire est tempéré par ses goûts de puriste: il est révolté quand, dans *Le More de Venise*, «un mari étrangle sa femme sur le théâtre», quand, dans *Hamlet*, «des fossoyeurs creusent une tombe en buvant», ou quand, dans *Jules César*, se donnent libre cours les plaisanteries des cordonniers et des savetiers. Mais il reste profondément marqué par les morceaux «grands et terribles» de Shakespeare et, d'après ses souvenirs de représentation, traduit librement la méditation de Hamlet en se pénétrant de l'énergie du dramaturge anglais.

La superiorité anglaise

Observant que le génie anglais ne correspond pas à l'éloquence noble et simple que requiert l'histoire – l'écrivain vient de publier son *Histoire de Charles XII* – , Voltaire consacre aussi deux chapitres à la poésie philosophique. Poussé par le désespoir du traducteur, il souligne l'impossibilité de «donner l'équivalence de la licence impétueuse du style» dans les poèmes de Swift* ou de Pope*. Mais son souci de privilégier les idées dans la poésie le conduit à laisser en retrait l'esthétique.

Si on rapproche les lettres consacrées à la littérature des lettres sur Bacon*, Locke* et Newton*, on voit que Voltaire traite des relations entre l'État et les intellectuels: les grands hommes, c'est-à-dire les écrivains, les philosophes et les savants, valent mieux que les politiques et les conquérants. Confrontant dans un plaidoyer passionné l'attitude des deux nations devant l'élite intellectuelle, Voltaire fait jaillir le constat de la supériorité anglaise.

UNE VISION OPTIMISTE DE L'HOMME

Si l'Angleterre confirme à Voltaire la possibilité d'une société où il fait bon vivre pour un homme de goût épris de liberté, l'intérêt de l'écrivain pour la vie dans le monde et son hostilité à tout ascétisme mystique* expliquent son désir de contrecarrer l'influence de Pascal, jugée par lui néfaste sur les esprits religieux. «Il y a longtemps que j'ai envie de combattre ce géant», confie-t-il en juin 1733 à son ami Formont. Mais la rencontre avec Mme du Châtelet – dont l'idylle avec Voltaire commence au début du mois de mai – déclenche la rédaction définitive et la mise au point de l'«Anti-Pascal». Dans l'euphorie de son amour pour Émilie, jamais le jansénisme* ne lui est apparu si faux ni si malsain. Il refuse catégoriquement, avec une lucidité n'excluant pas l'admiration, une vision tragique de la vie qui le heurtait déjà durant ses années de collège.

Le décalage entre les vingt-quatre premières lettres, toutes consacrées à l'Angleterre, et la vingt-cinquième réservée aux *Pensées,* n'est qu'apparent. Si les commentaires sur Pascal servent si remarquablement à clore les *Lettres philosophiques*, c'est parce que, réfutant la prise de conscience tragique d'une condition humaine désespérée, en proie au malheur du fait du péché originel, Voltaire démontre un optimisme fondamental et défend les positions d'un providentialisme* rassurant. L'homme n'est pas tellement démuni, il vit dans un environnement qui n'est pas hostile («Penser que la terre, les hommes et les animaux sont ce qu'ils doivent être dans l'ordre de la providence est, je crois, d'un homme sage») et qu'il a su façonner et améliorer, dompter parfois. Il est donc possible sur terre de rechercher le bonheur de penser librement. C'est ce que les Anglais ont compris depuis longtemps. Loin de la vision pessimiste du monde et de l'homme exprimée par Pascal, ils se mesurent à la réalité pour la transformer, la rendre plus accueillante et plus utile.

Ainsi ce texte parachève la comparaison souvent implicite entre la France et l'Angleterre : «À l'une la stagnation, le culte d'un passé stérile, la sélection du malheur; à l'autre l'ouverture sur le monde, l'élan vital qui se transforme en progrès, un optimisme résolu qui aboutit à l'établissement *hic et nunc* du bonheur pour le plus gand nombre» (Jean-Pierre Giucciardi). Voltaire associe clairement, sur le mode polémique, une vision de l'homme et un projet de société, ceux-là mêmes qu'exprime le mot de «philosophie*».

L'INVENTION D'UNE FORME

Convaincu que les pensées profondes ne peuvent s'exprimer que dans les grands genres littéraires, flatté par le succès d'*Œdipe* ou de *La Henriade*, Voltaire a préféré longtemps demander à la poésie – épopée, tragédie, épître – d'exprimer les vérités du philosophe. Avec les *Lettres philosophiques*, il invente une forme et un ton qui portent sa marque aux yeux de la postérité.

Récit et dépaysement

Le titre même de l'ouvrage montre que l'auteur s'efforce de mimer les apparences de l'échange mondain et annonce son refus de céder aux tentations d'un discours savant inspiré par la découverte de l'Angleterre. La lettre s'ouvre au récit. La soif ardente de connaissances éprouvée par le jeune Arouet le conduit chez un vieillard bizarre et sympathique, qui l'invite à dîner, se dit chrétien sans être baptisé et tutoie les gens. Arouet le questionne, s'étonne devant la singularité de son interlocuteur, s'enthousiasme, déchante. Laissant au lecteur le soin de conclure, il court se livrer à d'autres expériences. Ainsi débute ce qui aurait pu être «le premier conte de Voltaire, celui qu'il a vécu au plus profond de son être» (Jacques Van den Heuvel) et qu'il ébauche dans ses quatre premières *Lettres philosophiques*. Il vit intimement en Angleterre la situation de ses futurs personnages transplantés soudain dans une réalité étrangère qu'il faut à tout prix assimiler. Constamment en éveil, il examine, il déduit, il suppose, bref il exerce la fonction de l'intelligence qui consiste à découvrir des rapports entre les choses. Endossant le personnage de l'étranger, Voltaire savoure le charme du dépaysement, accentue sa singularité et creuse ainsi l'écart entre les mœurs qu'il découvre et celles de son pays.

La distanciation

L'extériorité narrative de l'auteur permet au lecteur de se sentir à son tour étranger aux habitudes et aux institutions de son pays. Le voyageur est censé y représenter le Français féru de ses préjugés, certain que ses croyances sont autant de vérités universelles, incapable surtout de comprendre les habitudes de l'auteur dans son refus de la différence. La scène chez le quaker tend ainsi à donner conscience au lecteur français de l'arbitraire de ses usages en les lui présentant comme autant de rituels étranges. « La mise à distance, précise Jean-Marie Goulemot, s'opère en révélant l'étrangeté, le ridicule même de telle coutume acceptée en France comme totalement naturelle. La leçon est d'éloignement et de distanciation à la fois. » Elle est en général prolongée par le personnage de l'autre – ici le quaker – dont le comportement, jugé insidieusement naturel par le narrateur, souligne l'arbitraire des habitudes continentales.

C'est là le procédé littéraire des *Lettres persanes*, tel que Paul Valéry l'a défini dans *Variété* : « Prendre dans un monde et plonger tout à coup dans un autre quelque être bien choisi qui ressente fortement tout l'absurde » des lois, des sentiments et des croyances dont s'accommodent tous les hommes. « L'être bien choisi », c'est Voltaire lui-même se sentant vivre, sous le regard des autochtones, « objectivisé », prenant conscience de soi-même « pour mieux s'en éloigner par une caricature de soi et une mise en contraste avec une altérité positive » (Jean-Marie Goulemot). Le discours de l'autre, aux effets démystificateurs, intervient ensuite. Il peut naître des interrogations naïves et un peu méprisantes du Français ou au contraire des répliques de l'étranger. L'essentiel est de parler à partir d'une extériorité positive, en dehors de la société monarchique et catholique qui est celle du lecteur français.

Un montage philosophique

Un fossé sépare le narrateur ingénu ouvert aux tentations de l'aventure et un auteur déjà anglophile avant son séjour dans une Angleterre dont la liberté et l'authenticité portent condamnation du système français. Voltaire travaille donc son œuvre afin qu'elle puisse répondre à ses exigences intérieures et à l'image choisie qu'il entend donner. L'investigation spontanée d'un voyageur en quête de choses vues s'insère dans un mythe* préalablement structuré. L'image du bon quaker répond à une construction savante échafaudée pour permettre une satire indirecte du catholicisme et une justification historique du déisme* : le hasard mène irrésistiblement le narrateur vers le but souhaité par l'auteur. C'est pourquoi le paragraphe sur la Bourse de Londres ne se trouve pas dans la lettre sur le commerce, mais dans la lettre sur les presbytériens, au sein d'un développement sur la tolérance religieuse, ce qui permet à Voltaire d'en extraire une leçon philosophique. Présenté comme l'archétype du fondateur de secte, et dépassé par son propre mythe*, Fox est destiné à parcourir docilement toutes les étapes qui accompagnent la fondation d'une religion nouvelle, de la persécution au martyre en passant par la prédication et les miracles. Et le récit allie la spontanéité – apparemment fortuite – de la vie à la rigueur du montage philosophique.

L'unité du livre procède également d'une harmonie en écho des principaux thèmes. La jonction entre la religion et la politique dans la lettre VI aboutit logiquement à la lettre VIII sur le Parlement. Mais entre-temps la lettre VII souligne le rôle de l'écrivain dans la nation, préfigurant les lettres XII, XIII et XVII. Quant à la lettre XXV, «avec son faux air d'appendice y sont orchestrés les thèmes de tout le livre et dans un éblouissement final s'entrelace le bouquet de ce feu d'artifice» (André M. Rousseau). Les remarques 1, 7 et 8 renvoient aux quakers, la remarque 2 aux sociniens, les remarques 4, 23 et 35 à Locke, la remarque 34 à Newton et la remarque 49 à Shakespeare.

Le style de Voltaire

Dans cette œuvre où tout est variations, Voltaire découvre donc l'arsenal de la persuasion : la formule (les tragédies de Shakespeare définies comme des «Farces monstrueuses»), le distinguo («Ce qui devient une révolution en Angleterre n'est qu'une sédition dans les autres pays»), le choc des mots (le quaker «saintement fou»), l'effet de surprise («Swift [...] a prodigué l'érudition, les ordures et l'ennui»), la fausse naïveté, la familiarité («aussi stupide que Locke»), l'antithèse ciselée annonçant Montesquieu («Les Romains devinrent les maîtres du monde jusqu'à ce qu'enfin leurs divisions les rendirent esclaves»), l'éloge saugrenu («S'ils s'enivrent, c'est sérieusement et sans scandale»), la désinvolture élégante (dans les *Remarques sur Pascal* notamment) ou l'abondance des remarques négatives pour détruire une idée reçue. En recherchant constamment, par sa dialectique, sa vigueur, son ironie, sa verve satirique ou son émotion, la connivence avec le lecteur, Voltaire affirme le pouvoir du livre sur le public.

UNE MACHINE DE GUERRE

Les *Lettres philosophiques* connaissent un succès de scandale : leur diffusion dépasse vingt mille exemplaires, chiffre exceptionnellement élevé au XVIIIe siècle et qui sera seulement égalé par *Candide*. Par leur accent incisif, leur désinvolture à l'égard de la religion et leur sens du concret, elles tranchent sur la production littéraire de 1734 illustrée par les *Considérations* de Montesquieu et *Le Paysan parvenu* de Marivaux. Jean-Jacques Rousseau, âgé de vingt-deux ans, se les procure à Chambéry. Il racontera que ce livre de Voltaire « fut celui qui l'attira le plus vers l'étude » et fit naître en lui un goût du savoir qui ne s'éteindra plus, inconscient sans doute, lors de la rédaction des *Confessions,* que les *Lettres philosophiques* développent cette philosophie qu'il combattra lui-même.

Car les *Lettres philosophiques* contiennent déjà l'essentiel de la philosophie de Voltaire. Après 1739 l'écrivain désarticule son livre pour en disperser les lettres et les thèmes à travers les *Mélanges* et ses *Œuvres*. L'exemple des quakers est particulièrement significatif : Voltaire le développe dans *Le Préservatif* en 1738, dans l'*Essai sur les mœurs* en 1750, dans le *Traité sur la tolérance* en 1763, dans l'article « Baptême » du *Dictionnaire philosophique* en 1764. Il reproduit sa lettre IV dans l'article « Affirmation par serment » des *Questions sur l'Encyclopédie*, développe la lettre VI dans l'article « Esseniens » et reprend les quatre premières lettres dans un article « Quakers » de l'édition suivante des *Questions sur l'Encyclopédie*. Sans renier sa pensée, Voltaire transforme ainsi son ouvrage en machine de guerre où il puise armes et arguments pour tous ses combats à venir. Mais aux yeux de ses contemporains les *Lettres philosophiques* modèlent déjà son image de manière définitive.

L'HISTORIEN

Fasciné, sinon édifié, par l'histoire du passé, Voltaire fait progresser parallèlement ses œuvres historiques et ses réflexions sur les méthodes et les objectifs de l'histoire. Parti d'une conception épique et dramatique – on a dit que *La Henriade* était une histoire en vers et l'*Histoire de Charles XII* (1731) une tragédie –, il ouvre son champ de vision au tableau d'une nation dans *Le Siècle de Louis XIV* (1751) et l'*Histoire de l'Empire de Russie sous Pierre le Grand* (1759), puis élargit l'histoire de la civilisation à l'univers entier dans l'*Essai sur les mœurs* (1756).

Histoire de Charles XII (1731)

RÉSUMÉ

Saisie à Paris par la censure, puis réimprimée clandestinement à Rouen, cette première œuvre historique de Voltaire offre, en huit livres, la biographie dramatique d'un héros d'épopée et de tragédie. Après un exposé sommaire sur l'histoire de la Suède jusqu'à Charles XII, Voltaire traite de l'éducation du prince et s'étend sur son adversaire, le tsar Pierre le Grand, qui «a changé le plus grand empire du monde» (I). Il montre comment Charles XII, «à l'âge de dix-huit ans, termine la guerre du Danemark en six semaines, défait 80 000 Moscovites avec 8 000 Suédois» à Narva en 1700 (II) et soumet la Pologne dont il remplace le roi par Stanislas Leczinski (III). La chance l'abandonne : grièvement blessé, il est battu à Poltava en 1709 par le tsar et doit se réfugier cinq ans en Turquie (V, VI). Prisonnier, il s'enfuit sous un déguisement, regagne la Suède (VII), rétablit sa situation après des prodiges de valeur et meurt au combat en 1718 (VIII). Ce récit haletant s'élargit à la peinture des mentalités et à la conscience que l'histoire est faite d'atrocités. Les additions de 1739 modifient les perspectives et font de Pierre le Grand le grand homme du livre : Voltaire privilégie désormais les souverains civilisateurs.

Le siècle de Louis XIV (1751)

> **RÉSUMÉ**
>
> Une critique du gouvernement de Louis XV découlant de la glorification du règne précédent, telle est la finalité initiale du *Siècle de Louis XIV*, conçu vers 1732. Le premier chapitre affirme le dessein du livre : « Peindre à la postérité non les actions d'un seul homme, mais l'esprit des hommes dans le siècle le plus éclairé qui fut jamais. » Sous une forme dramatique, Voltaire évoque l'histoire politique, militaire et diplomatique d'un règne glorieux qui s'achève dans la lassitude et les revers (III à XXIV), puis présente, à travers des « petits faits » et des anecdotes, la cour et la vie privée du roi (XXV à XXVIII). Dans son analyse du gouvernement, il rend hommage à Colbert (XXIX - XXX). Jugeant les artistes, les savants et les écrivains, Voltaire célèbre un siècle où l'intelligence a rayonné grâce à la protection éclairée de Louis XIV (XXXI - XXXV). Cinq chapitres ajoutés en 1751 soulignent le revers de la médaille : la politique religieuse marquée par la révocation de l'édit de Nantes et l'exode des protestants, les persécutions contre les jansénistes, l'affaire du quiétisme, l'influence des Jésuites (XXXV - XXXIX). Cette conclusion montre que la raison n'a pas entièrement triomphé sous le règne de Louis XIV.

La création de la science historique

Servi par les qualités de son esprit positif, Voltaire se refuse à « mettre son imagination à la place des réalités » et s'attache à l'exactitude des faits. S'informant avec conscience sur Charles XII, il consulte les mémoires et les rapports de ceux qui l'ont approché, il lit les ouvrages consacrés au roi, étudie des atlas et affirme l'originalité de sa méthode : « On n'a pas avancé un seul fait sur lequel on n'ait consulté des témoins oculaires et irréprochables. »

Appliquant la règle cartésienne des dénombrements entiers, Voltaire lit tout ce qui a été imprimé sur l'époque de Louis XIV, recherche les ouvrages non édités, consulte dans les archives des ministères les lettres de Colbert et de Louvois, emprunte le manuscrit des *Mémoires* de Saint-Simon et obtient communication des textes autographes de Louis XIV. Mettant son talent de journaliste au service de son enquête, il interviewe le cardinal Fleury, le maréchal de Villars, Villeroi, lord Bolingbroke ou la veuve de Marlborough. Il visite même les champs de bataille et vérifie sur place que le Rhin peut se franchir à gué, ce qui lui permet de démystifier la traversée du Rhin par Louis XIV. C'est pourquoi les historiens modernes n'ont jamais mis en doute la qualité de son information.

Dès 1730 la saisie et la destruction de l'édition originale de l'*Histoire de Charles XII* apprennent à l'écrivain que toutes les vérités ne sont pas bonnes à dire : n'a-t-il pas rappelé le sort piteux réservé à Auguste II, roi de Pologne qui, restauré après la mort de Charles XII, règne encore ? Voltaire en tire les conclusions : « L'histoire exige une vérité si libre qu'un historiographe de France ne peut écrire qu'hors de France. » C'est pourquoi il s'attarde à Berlin pour y faire éditer *Le Siècle de Louis XIV*, publie l'*Essai sur les mœurs* aux Délices et le *Précis du siècle de Louis XV* (1768) à Ferney.

L'histoire de l'espèce humaine

Voltaire est le premier à concevoir l'histoire comme l'histoire de l'espèce humaine : « On n'a fait que l'histoire des rois, mais on n'a point fait celle de la nation... Nos mœurs, nos lois, nos coutumes, notre esprit ne sont-ils rien ? » Si l'*Histoire de Charles XII* et la première partie du *Siècle de Louis XIV* comportent beaucoup de récits militaires, la seconde partie du *Siècle* étudie le gouvernement interne, la justice, le commerce, la police, les lois, la marine, les finances, les arts, les lettres et les affaires ecclésiastiques. L'*Histoire de la Russie* consacre à peine la moitié de son développement aux guerres de Pierre le Grand. Voltaire apparaît de plus en plus soucieux de retracer l'activité complète d'un peuple à un moment de son histoire : ainsi, dans l'*Essai sur les mœurs*, sur les huit chapitres consacrés à Charlemagne, deux seulement traitent de la politique étrangère et militaire.

Cette optique nouvelle entraîne la recherche de tableaux généraux résumant divers aspects de la vie d'une nation, comme une analyse pénétrante des conséquences morales de la centralisation ou un exposé sur la vie privée (mœurs, appartements, nourriture, costumes) dans *Le Siècle de Louis XIV*. Les synthèses originales, sortes de panoramas périodiques embrassant l'esprit de tout un siècle, se multiplient dans l'*Essai sur les mœurs*. Voltaire y présente les causes et les effets des croisades, l'évolution du système féodal, les rapports entre la civilisation matérielle et la civilisation spirituelle au XVIe siècle ou les grandes découvertes. Particulièrement novateur par l'attention qu'il porte aux questions financières, aux évolutions démographiques, aux structures sociales et au progrès des techniques, Voltaire ouvre une voie d'avenir à l'histoire de la civilisation.

Art et impartialité

En même temps qu'un savant impartial, l'historien doit être un artiste : la règle fondamentale est de ne jamais ennuyer. Pour intéresser, Voltaire élimine l'accessoire au profit de détails significatifs, retient quarante pages dans les quarante volumes des *Mémoires* de Dangeau*, restitue l'atmosphère d'une époque ou annonce la «couleur locale» que recherchera le XIXe siècle. Rapide et clair, vivant et pathétique, le récit est émaillé d'anecdotes, d'épisodes et de tableaux riches d'une signification symbolique ou critique. Voltaire y donne libre cours à son sens du dramatique : «Il faut une exposition, un nœud et un dénouement dans une histoire comme dans une tragédie.» La composition du *Siècle de Louis XIV* emprunte à la dramaturgie : après les désordres de la Fronde, le roi entre en scène, remporte d'éclatantes victoires; ensuite viennent les difficultés et l'incertitude augmente l'intérêt. Cette esthétique se rattache à la doctrine voltairienne attribuant un rôle décisif aux grands hommes : le drame de l'histoire ne se conçoit pas sans protagonistes (Pierre le Grand, Charles XII, Louis XIV) qui servent de guides à l'humanité.

La critique des témoignages

Le souci de la vérité l'entraîne à une analyse critique des témoignages : «Quand des contemporains comme le cardinal de Retz et le duc de La Rochefoucauld, ennemis l'un de l'autre, confirment le même fait dans leurs mémoires, ce fait est indubitable; quand ils se contredisent, il faut douter; ce qui n'est point vraisemblable ne doit point être cru, à moins que plusieurs contemporains dignes de foi ne déposent unanimement.» Voltaire se constitue ainsi une méthode d'investigation, contrôlant la chronologie, vérifiant si les événements sont attestés dans les registres publics. Ce souci répond à une exigence de lucidité et à la conviction qu'«avec le temps la fable se grossit et la vérité se perd». Ne pouvant contrôler à lui seul les neuf siècles de l'*Essai sur les mœurs*, l'écrivain choisit minutieusement ses sources et garde une prudente circonspection : «Toute certitude qui n'est pas démonstration mathématique n'a qu'une extrême probabilité : il n'y a pas d'autre certitude historique.»

Essai sur les mœurs (1756)

HISTOIRE DE L'ŒUVRE

Soucieux de conduire le lecteur à «juger lui-même de l'extinction, de la renaissance et des progrès de l'esprit humain», conscient aussi de la diversité des sociétés, Voltaire élargit l'horizon de l'histoire à l'Orient chaldéen, à l'Extrême-Orient et à l'Amérique où se sont développées, bien avant les origines bibliques, des civilisations ne devant rien au christianisme. Il ouvre même l'*Essai sur les mœurs*, un peu par souci de provocation, sur deux chapitres consacrés à la Chine. Il s'agit là d'un renouvellement complet de la matière historique : le dernier grand historien de l'histoire universelle, Bossuet, avait limité le sujet dans l'espace. Remarquables par leur documentation, les études du Japon ou du Moyen-Orient musulman présentent sous une forme attrayante une leçon philosophique. Esprit classique, Voltaire cherche, par-delà les différences imposées par la coutume ou le climat, à retrouver l'homme : «Tous ces peuples ne nous ressemblent que par les passions et par la raison universelle qui contrebalance les passions.»

RÉSUMÉ

Conçu d'abord en 1741 comme un élargissement du *Siècle de Louis XIV*, l'ouvrage se transforme en *Histoire générale*, puis en *Histoire universelle*, avant de devenir l'*Essai sur l'histoire générale et sur les mœurs et l'esprit des nations* en 1756 et de prendre son titre définitif d'*Essai sur les mœurs et l'esprit des nations* en 1759. Il conduit le lecteur de la Chine antique (I) jusqu'au Japon du XVIIe siècle (CXCVI) en passant par l'Inde, la Perse, l'Arabie de Mahomet, puis l'Occident chrétien. L'ensemble offre des chapitres VIII à CXC un récit suivi de l'histoire du monde occidental à partir de Charlemagne, récit interrompu par des tableaux – l'Orient et Gengis Khan (LX) – ou des études - la monnaie (LXXXIV), les tournois (XCIX), l'Inquisition (CXL). Voltaire y intègre l'histoire du Moyen-Orient musulman consacrant un chapitre à l'état de la Palestine au temps des croisades (LIII) et un chapitre à Saladin (LVI). Admettant la puissance du hasard, seul compatible avec la liberté humaine, il oscille dans sa conclusion (CXCVIII)

> entre le découragement («Toute cette histoire est un ramas de crimes, de folies et de malheurs») et un optimisme pragmatique fondé sur le constat de progrès matériels, sur l'épanouissement de la civilisation et surtout sur une foi profonde en l'homme et en la raison.

Petits faits et grands hommes

L'effort d'explication historique des sociétés que s'imposait Montesquieu, sa volonté de trouver des «raisons» aux institutions les plus singulières, sa recherche de «l'esprit» des lois, tout cela paraît bien vain à Voltaire qui réduit «l'esprit» des lois aux caprices de législateurs bornés : «Les lois ont été établies dans presque tous les États par l'intérêt du législateur, par le besoin du moment, par l'ignorance, par la superstition...» L'écrivain est convaincu que le hasard joue un rôle essentiel et son goût de l'insolite trouve son aliment dans les péripéties bizarres qu'entraîne une longue guerre : une esclave estonienne de dix-huit ans épouse un dragon suédois qui disparaît le lendemain de ses noces; après être passée de main en main comme Cunégonde dans *Candide,* elle épouse le tsar Pierre le Grand, puis le remplace sur le trône de Russie. L'horreur qu'inspirent à Voltaire les crimes et les folies des hommes le conduit à penser que le déterminisme historique se réduit à des séries déconcertantes d'événements où «souvent la plus petite cause produit les plus grands effets».

Cette philosophie du «petit fait» lui permet de ruiner toutes les explications de l'histoire par un principe philosophique, sociologique ou métaphysique*, et en particulier le providentialisme* de Bossuet. Généralisant cette conception, il va jusqu'à écrire : «Un mariage, un testament, un caprice, une méprise changent tout d'un coup et pour des siècles les intérêts de l'Europe.» On doit donc remarquer avec René Pomeau que rien n'est «plus éloigné de l'esprit voltairien que nos spéculations sur le sens de l'histoire. L'auteur eût bien ri de ces efforts pour faire entrer le passé et le présent dans le cadre d'une dialectique.» Foncièrement immanente et contingente, l'histoire est laïcisée par Voltaire.

C'est l'importance des petits hasards qui permet l'action des grands hommes. L'*Essai sur les mœurs* souligne leur rôle décisif en dégageant quatre siècles où des souverains éclairés assurent une apogée de la civilisation : «Il ne s'est presque jamais rien fait de grand par le monde que par le génie et la fermeté d'un seul homme qui lutte contre les préjugés de la multitude.» Le premier chapitre du *Siècle* illustre l'idée qu'un brillant développement artistique et intellectuel est toujours dû à l'action personnelle d'un homme puissant et éclairé. Et l'*Histoire de la Russie* fournit, par l'exemple de Pierre le Grand, «fondateur de son peuple», une sorte de vérification expérimentale de cet «historicisme progressiste» (Furio Diaz) que Voltaire voit confirmé par le rôle de Frédéric II et de Catherine II dans le développement des Lumières. La lucidité de l'historien le conduit pourtant à constater la discontinuité du progrès, traversé par des régressions et des retours à la barbarie welche (c'est-à-dire à la tradition) ou gothique (c'est-à-dire féodale).

L'espérance d'un sens de l'histoire

Les œuvres historiques de Voltaire sont pourtant animées par une volonté d'espérer. Écrites par un humaniste, elles mettent au premier rang le bonheur sous ses formes les plus évoluées : ainsi apparaît une transformation à laquelle l'historien doit contribuer en inspirant l'horreur des crimes contre l'homme, comme la guerre ou le fanatisme. Au récit des guerres et des guerres civiles, Voltaire s'efforce de substituer le récit d'une action unique : la marche de l'esprit humain.

L'homme de lettres est en effet inséparable de l'historien. Dès l'*Histoire de Charles XII*, Voltaire témoigne d'un sens du drame qui le mène à prendre conscience de l'histoire comme réalité scientifique. Mécontent de ne pas obtenir «la considération qu'on doit aux gens de lettres», l'auteur du *Siècle* rappelle qu'une nation bien gouvernée accorde aux écrivains une place d'honneur. Puis Voltaire, «embrassant le projet de son *Essai sur les mœurs* en 1741, prend conscience de la réalité globale de l'histoire. Tout être, tout fait lui apparaît *sub specie historiae*. Dans ses tragédies, dans ses contes, dans ses facéties même, chaque figure est marquée des traits qui la datent» (René Pomeau). Historien de plus en plus engagé à mesure qu'il avance dans la vie, Voltaire ne cesse de chercher le sens de l'histoire dans le progrès, lent et discontinu, de la raison humaine.

LE DRAMATURGE

Convaincu d'avoir découvert la formule d'une dramaturgie nouvelle, Voltaire aime le théâtre d'un amour qui ne se démentira jamais. Il débute dans la littérature en 1718 par *Œdipe* et la veille de sa mort assiste au triomphe d'*Irène*. Sans cesse occupé d'agencer, de rédiger, de remanier ou de mettre en scène ses pièces, il en est souvent l'interprète inlassable sur des théâtres qu'il organise à Cirey, dans son appartement de Paris, au château de Potsdam, aux Délices, à Lausanne ou à Ferney. Cette passion éblouit son époque et le titre d'un magistral ouvrage critique, *La Tragédie française à l'époque de Louis XV et Voltaire,* souligne la prééminence de l'écrivain. La liste de ses œuvres représentées avec un succès tôt ou tard éclatant parle d'elle-même : *Œdipe* (1718) ; *Brutus* (1730) ; *Ériphyle, Zaïre* (1732) ; *Adélaïde du Guesclin* (1734) ; *La Mort de César* (1735) ; *Alzire* (1736) ; *Zulime* (1740) ; *Mahomet* (1741) ; *Mérope* (1743) ; *Sémiramis* (1748) ; *Rome sauvée* (1752) ; *L'Orphelin de la Chine* (1755) ; *Tancrède* (1760) ; *Les Scythes* (1767) ; *Les Lois de Minos* (1773) ; *Sophonisbe* (1774) ; *Irène* (1778). Mais elle n'est pas exhaustive, il existe encore de nombreuses tragédies que l'écrivain a retirées de la scène, n'a pas fait jouer ou n'a pas fait imprimer.

ROMANESQUE ET PATHÉTIQUE

Grand admirateur du théâtre classique, Voltaire reproche pourtant à Racine de ne pas être assez tragique. Son *Discours sur la tragédie* (1731), placé en tête de *Brutus,* compare Bérénice à une « idylle ». Il trouve les pièces françaises un peu froides et, rappelant que le tragique repose sur la terreur et la pitié, il soutient que les spectateurs doivent frémir et pleurer.

La tragédie ne se suffisant plus de la « crise » par laquelle on caractérise une œuvre de Racine, Voltaire fait largement appel au romanesque. De là proviennent sa facilité à multiplier les événements extérieurs et son amour des brusques révélations ou des reconnaissances. L'ingéniosité de l'intrigue permet des pièces brillantes et spectaculaires.

Mérope (1743)

RÉSUMÉ

Voltaire reprend la tragique légende de Mérope, reine de Messénie. Quinze ans se sont écoulés depuis l'assassinat de son mari Cresphonte. Un seul de ses enfants, Égisthe, a échappé au massacre, emmené par son gouverneur Narbas, mais on est sans nouvelles de lui. Polyphonte, un officier ambitieux, offre à Mérope de l'épouser. La reine refuse avec hauteur (Acte I). On apprend successivement que Polyphonte se fait proclamer roi par le peuple (Acte II), qu'un jeune étranger accusé de la mort d'Égisthe est Égisthe lui-même, que Polyphonte est l'assassin de Cresphonte et de ses fils (Acte III). L'usurpateur enferme Mérope dans un chantage : si elle l'épouse, il sauve son fils ; sinon il le fait mettre à mort (Acte IV). Décidée à ne pas survivre après un si affreux hymen, Mérope exhorte son fils à se soumettre maintenant pour se venger un jour. Lors de la cérémonie dans le temple, Égisthe immole Polyphonte. Messène se rallie à sa reine (Acte V).

COMMENTAIRE

Dans *Mérope,* une succession d'habiles quiproquos permet à Égisthe de se désoler d'avoir tué le fils de Mérope – qu'il est sans le savoir. La recherche de l'effet culmine dans le troisième acte : Mérope s'apprête à frapper celui qu'elle croit être coupable, mais au moment où elle lève le poignard, Narbas la retient :

« J'allais venger mon fils.

– Vous allez l'immoler. »

La situation demeure critique, car Mérope ne peut avouer publiquement un fils que le tyran Polyphonte mettrait à mort. La recherche de l'effet ne se dément pas : au moment d'épouser Polyphonte pour sauvegarder les droits de son fils, Mérope apprend que Polyphonte lui-même est l'assassin de son mari et de ses autres fils.

Mahomet (1741)

RÉSUMÉ

Zopire, «Sheik» de La Mecque, attend l'arrivée du prophète Mahomet qui a massacré sa famille et qu'il considère comme un imposteur aspirant à la tyrannie. Séide et Palmire, enfants de Zopire sans le savoir, sont ses prisonniers. Mahomet, lui-même amoureux de Palmire, encourage la passion mutuelle de ses deux esclaves, puis convainc Séide – dont il est jaloux – d'assassiner Zopire en lui représentant ce meurtre comme la Volonté Sacrée d'Allah. Le «Sheik» en mourant reconnaît Séide et Palmire comme ses enfants. Le premier expire bientôt, empoisonné par le prophète, et la seconde se suicide. Mahomet fait disparaître la trace de ses crimes pour se préserver une destinée glorieuse.

COMMENTAIRE

Le scandale suscité par cette tragédie, dont on admire la beauté, la force et l'originalité, tient à son ambiguïté : offre-t-elle l'exemple d'un faux prophète ou fait-elle l'apologie du déisme* ? On accuse Voltaire de «taxer d'imposture, à travers l'Islam, le christianisme lui-même» (René Vaillot), oubliant que l'écrivain n'a pas prétendu faire œuvre d'historien. Et il doit retirer sa pièce.

Mahomet illustre de façon mélodramatique la volonté de renouveler le pathétique. Pour se venger de son ennemi Zopire, dont il tient prisonnier les enfants, Séide et Palmire, le Prophète attise les «feux illégitimes» qui poussent les deux jeunes gens l'un vers l'autre, puis les conduit à assassiner leur père – à l'inceste s'ajoute le parricide. Puis il fait absorber à Séide un poison qui le foudroie alors qu'il apostrophe Mahomet devant la foule. Palmire désespérée se tue avec le poignard de son frère pour échapper au harem du Prophète.

On discerne également l'association du «grand pathétique*» né de la souffrance et du tragique dans le climat de «terreur» emprunté à l'*Hamlet* de Shakespeare que Voltaire essaie de retrouver dans *Brutus* et dans *Ériphyle*. Le même effort est sensible dans *Zaïre*. Au cinquième acte, la «terreur» atteint à un tel paroxysme que le crime du sultan, nouvel Othello poignardant celle qu'il aime, met fin à la tension dramatique et entraîne un certain soulagement. On voit que Voltaire rêve d'un théâtre conciliant la rigueur de Racine, le mouvement de Shakespeare et le pathétique* préconisé plus tard par Diderot.

LE SENS DU SPECTACLE

À voir représenter Shakespeare sur les scènes de Londres et jouer des pièces à grand spectacle à l'Opéra de Paris, Voltaire comprend ce que la tragédie peut gagner à la splendeur des costumes, des décors et de la figuration.

L'influence de l'opéra sur Racine était déjà significative : décelable dès *Iphigénie* ou *Phèdre,* elle se renforce dans *Esther* et *Athalie,* qui sont jouées enfin publiquement et à la Comédie-Française sous la Régence. Les évolutions de foule et la pompe du Temple soulèvent l'admiration ; de Joad naît une descendance de grands prêtres dont l'*Œdipe* de Voltaire offre le premier exemple. Quant à l'influence anglaise, elle est immédiate.

À l'imitation de Shakespeare, Voltaire peint de larges tableaux dans *Brutus* et ose faire apporter sur la scène le corps de César sanglant dans *La Mort de César.* Il présente un spectre dans *Ériphyle* et, dans *Sémiramis,* le fantôme du père assassiné par une mère adultère vient sur la scène réclamer de son fils qu'il le venge.

Dans *Adélaïde du Guesclin* on tire un coup de canon. Au cinquième acte de *Mérope,* en présence du «corps de Polyphonte couvert d'une robe sanglante», Mérope harangue les soldats alors qu'Égisthe «arrive la hache à la main». La créatrice du rôle de Mérope, Mlle Duménil, rompant avec la majesté grave et compassée du jeu tragique, court sur la scène, bondit au-devant des soldats, se place entre eux et Égisthe et s'écrie d'une voix frémissante de terreur : «Il est mon fils.» L'acteur Lekain* tire une mise en scène impressionnante du cinquième acte de *Sémiramis* : il s'enfonce dans le tombeau, y frappe une forme fuyante, en sort l'épée teintée de sang à la main tandis que le tonnerre gronde et que des éclairs l'entourent.

Cependant Voltaire hésite parfois devant ce genre d'effets : en 1760 il refuse à Mlle Clairon* que l'on place un échafaud sur la scène pour la représentation de *Tancrède,* mais, dans *Olympie* (1762), on voit figurer un bûcher. «Ce n'est pas qu'il y ait aucun mérite, observe le dramaturge dans une note à son édition d'*Olympie,* à faire paraître des prêtres et des prêtresses, un autel, des flambeaux... ; cet appareil ne serait qu'une misérable ressource si d'ailleurs il n'existait pas un grand intérêt, s'il ne formait pas une situation... Tout appareil dont il ne résulte rien est puéril.» Son souci du grand spectacle repose donc sur l'idée que l'action doit pouvoir se dérouler sur la scène aussi bien que dans les cœurs.

DES SUJETS NOUVEAUX

L'Orphelin de la Chine (1755)

RÉSUMÉ

La nouveauté exotique du sujet et l'analyse de la passion l'emportant sur une nature barbare expliquent l'immense succès de cette tragédie écrite à Berlin et inspirée d'un drame chinois du XIVe siècle. Gengis Khan s'empare de Cambala (Pékin) et fait massacrer toute la dynastie des Tchao, dont le mandarin Zamti sauve le dernier descendant en lui substituant son propre fils (Acte I). C'est compter sans son épouse Idamé qui arrache son fils aux soldats (Acte II). Troublé par la douleur d'Idamé, qu'il a aimée autrefois, le conquérant hésite (Acte III), puis offre à Idamé de partager son trône (Acte IV). Elle refuse. Condamnés à mort, les deux époux se préparent au suicide. Conquis par leur vertu, Gengis Khan leur fait grâce et leur confie la garde de l'orphelin royal (Acte V). Remplie d'idées humanitaires, la pièce répond par son pittoresque et sa morale laïque à la prédilection des philosophes pour la Chine, terre des Lumières.*

COMMENTAIRE

Plus décisive encore pour le renouvellement de la tragédie, apparaît l'ouverture de Voltaire à de nouvelles époques et de nouvelles civilisations. Après avoir repris le cadre traditionnel de la Grèce pour sa première tragédie, *Œdipe,* puis celui de Rome pour *Brutus,* Voltaire fait défiler l'univers entier sur la scène : *Zaïre* se déroule à Jérusalem, *Alzire* au Pérou, *Mahomet* à La Mecque, *Zulime* en Afrique, *Sémiramis* à Babylone, *L'Orphelin de la Chine* à Babylone. La culture historique de Voltaire lui permet de concevoir les grands moments de l'histoire du monde ou le choc des civilisations et de dépayser ses contemporains tout en restant proche de leurs goûts. Saisissant les aspects majeurs d'un peuple, le détail pittoresque de sa vie et de ses mœurs, il n'hésite pas à rechercher la couleur locale : on parla longtemps du chapeau chinois dont se parait Mlle Clairon* dans *L'Orphelin de la Chine!*

Adélaïde du Guesclin (1734)

RÉSUMÉ

Le triomphe tardif de cette tragédie en 1765 conduit à découvrir que Voltaire avait créé une génération plus tôt la tragédie nationale, cette nouveauté des années 1760. En pleine guerre de Cent Ans, à Lille, Adélaïde du Guesclin, nièce du Grand Connétable, est aimée par deux frères, le duc de Vendôme, qui l'a sauvée et appartient au parti anglais, et le duc de Nemours, champion de la cause française, avec qui elle est secrètement fiancée depuis deux ans. Leur rivalité transforme les deux princes en frères ennemis quand le hasard d'une bataille fait de Nemours le prisonnier de Vendôme et que Vendôme commande de faire exécuter Nemours. Mais la pièce se termine dans l'euphorie des bons sentiments : Vendôme accepte le mariage d'Adélaïde avec son frère et rallie le camp du roi Charles XII. La « sensibilité » de Voltaire s'accorde à celle de ses contemporains dans une tragédie dont le patriotisme constitue le seul aspect idéologique.

COMMENTAIRE

Empruntant à Shakespeare l'ambition d'écrire une tragédie sur des sujets nationaux, Voltaire contribue à la naissance du « genre troubadour », caractérisé par l'exaltation des vertus des croisés *(Zaïre, Tancrède)* ou des chevaliers de la guerre de Cent Ans. Avec *Adélaïde du Guesclin*, il « francise » la tragédie et présente un Moyen Âge conventionnel qui annonce le Moyen Âge hugolien. La question se pose alors, remarque Jacques Truchet, de savoir si Voltaire « ne s'est pas trouvé en possession non certes de la réalité, mais de la doctrine du drame romantique ». À lire les préfaces de Voltaire, à relever ses audaces, à rechercher ses intentions, on doit reconnaître que le drame romantique procède en effet pour certains aspects de cette tragédie nationale inventée dès les années 1730.

UN THÉATRE D'IDÉES

Dans le champ clos théâtral où se heurtent les idéologies opposées du XVIIIe siècle, la tragédie de Voltaire reflète volontiers ses conceptions philosophiques. Tantôt des maximes et des couplets sont répandus par l'écrivain dans une pièce pour servir à la propagande philosophique ou abattre ses adversaires, comme c'est le cas dans *Œdipe, Zaïre, Alzire* ou *Mérope*, tantôt l'idée philosophique organise le drame et fait de l'événement un symbole comme dans *Brutus, Mahomet* ou *Olympie*.

La critique de la religion constitue le sujet de prédilection des tragédies de Voltaire qui attaque directement l'intolérance catholique. *Œdipe* stigmatise la religion et Philoctète ou Jocaste y apparaissent comme des porte-parole de la libre-pensée :

> « Nos prêtres ne sont pas ce qu'un vain peuple pense :
> Notre crédulité fait toute leur science. »

Alzire fait ressortir la justesse de la cause indigène et dénonce « la rage impitoyable des conquérants catholiques ».

D'autre part affleure derrière cette pièce « chrétienne », couronnée par le triomphe de l'amour, la philosophie déiste de Voltaire.

Plus souvent Voltaire s'en prend aux forfaits d'autres religions pour condamner indirectement ceux du catholicisme. Dans *Mahomet*, on voit ainsi le Prophète consolider ses pouvoirs par d'habiles fourberies et tromper ses zélateurs. L'argument de l'imposture peut se retourner et un journaliste de l'époque le souligne : « Toutes les religions paraissent être attaquées dans cette tragédie sous prétexte de blâmer celle de Mahomet. » Ce drame noir répond surtout à un souci constant chez Voltaire : stigmatiser une religion sanguinaire qui atteint un sommet de l'horreur.

Alzire ou les Américains (1736)

RÉSUMÉ

Au Pérou, durant la première domination espagnole, le vieux et sage gouverneur Alvarez transmet ses fonctions à son fils, l'impérieux Gusman, tandis que le peuple péruvien tente de retrouver sa liberté. Le chef des rebelles, Zamore, disparu et sa fiancée Alzire,

> convertie au catholicisme, est contrainte par son père d'épouser Gusman. Zamore réapparaît, découvre qu'Alzire l'aime toujours et tue l'oppresseur. Mais Gusman, en mourant, pardonne à Zamore, montrant par sa clémence la supériorité de la religion chrétienne, et remet Alzire à son rival. Celui-ci, confondu, se jette à ses pieds et décide de se convertir au christianisme.

L'ENGAGEMENT POLITIQUE

Le public du XVIIIe siècle n'est pas moins réceptif aux préoccupations politiques et Voltaire répond à ses curiosités en abordant le principe de l'exercice de la royauté, inhérent à un genre littéraire qui met en scène des rois, des tyrans ou des princesses. Ses tragédies reflètent sa théorie du despotisme éclairé. *Œdipe* apparaît comme un « manuel à l'usage des rois ». Philoctète y présente le modèle de l'amour paternel d'un prince pour son peuple. L'Orosmane de *Zaïre* joint dans la pratique du pouvoir un grand sens politique et une autorité incontestée. Il n'est jusqu'à Mahomet, tyran cynique et sanguinaire, qui n'esquisse sur l'art de gouverner des idées intelligentes et efficaces toutes proches des conceptions de Voltaire.

L'attitude du dramaturge à l'égard de la guerre est ambiguë : si son pacifisme demeure constant, ses tragédies « troubadour » font l'éloge du passé militaire national. *Adélaïde du Guesclin* célèbre les batailles où s'illustrent Coucy, Nemours ou Vendôme. *L'Orphelin de la Chine* n'est pas insensible à la geste du conquérant Gengis Khan et, dans *Tancrède*, Voltaire s'élève jusqu'à une poésie épique pour glorifier la chevalerie du Moyen Âge. Une sorte de « patriotisme universel qui devrait, chaque peuple se montrant légitimement fier de ce qu'il est et farouchement attaché à son indépendance, aboutir à la paix » (Jacques Truchet) domine en tout cas ce théâtre si riche en implications idéologiques qu'il devient un réceptacle et un porte-voix pour les idées nouvelles.

Les discordances d'une œuvre posant plus de questions qu'elle n'en résout mettent définitivement en lumière le problème de la tragédie classique, peu adaptée à la sensibilité nouvelle qui s'affirme chaque jour davantage. Voltaire précipite sans le vouloir le déclin d'un genre que vont contester après lui Diderot, Rousseau et Beaumarchais. Il ouvre la voie au mélodrame qui lui-même devance un drame romantique en quête de sujets dans l'histoire. Il annonce le romantisme avec l'idée d'une fatalité qui déjoue les desseins de l'homme et aussi par la volonté de donner à ses pièces une portée philosophique. La tragédie de Voltaire offre ainsi la possibilité d'analyser le passage brillant d'un passé littéraire prestigieux à son avenir.

Zaïre (1732)

RÉSUMÉ

L'action de cette pièce au succès immédiat et prodigieux se noue autour d'un conflit – l'instinct de bonheur contrarié par l'interdit religieux – qui s'inscrit dans une dimension historique nationale : l'époque des croisades. La belle Zaïre, née de parents inconnus et élevée dans la religion de l'Islam, est aimée du sultan Orosmane qui se prépare à l'épouser et à la couronner. Mais le vieux Lusignan, descendant des princes chrétiens de Jérusalem, libéré de sa prison à la demande de Zaïre, la reconnaît pour sa fille. Partagée entre son amour pour le sultan et sa fidélité à sa famille chrétienne, Zaïre souhaite avant de s'engager une dernière entrevue avec son frère Nérestan. Orosmane les surprend, se croit trahi et, dans une crise de jalousie furieuse, poignarde Zaïre. Désespéré quand il découvre son erreur, il se tue sur le corps de sa victime et fait libérer tous les chrétiens prisonniers.

COMMENTAIRE

Zaïre montre comment l'intolérance des chrétiens fait le malheur du couple sincère et vertueux formé par Orosmane et Zaïre. Entre un sultan libéral et le chevalier chrétien Nérestan, l'avantage revient au premier.
    «Généreux, bienfaisant, juste, plein de vertus,
    S'il était né chrétien que serait-il de plus ?»
Tragédie philosophique, la pièce illustre la pensée libertine* et déiste* en posant le problème des vertus et du salut des «infidèles».

Dans cette tragédie, le pathétique poussé au paroxysme impose la suprématie de Voltaire sur le théâtre de son siècle. Son ironie tragique et sa signification philosophique annoncent le drame romantique.

LE POÈTE

Voltaire a toujours été convaincu que les grandes pensées ne s'exprimaient bien que dans le cadre des grands genres littéraires. Sa rapide réussite dans l'épopée (La *Henriade,* publiée en 1728, le fait comparer à Virgile par ses contemporains) ou dans le théâtre (après le succès d'*Œdipe* et le triomphe de *Zaïre,* il est salué comme le maître de la scène tragique) le conforte dans cette opinion. La méditation et la réflexion philosophique l'incitent donc naturellement à couler sa pensée dans le cadre de l'alexandrin. Brillant dans tous les genres et dans tous les tons, il domine seul toute la poésie du règne de Louis XV.

LA TENTATION ÉPIQUE

Soucieux de donner à la littérature française ce qui lui manque encore, une grande épopée nationale, Voltaire choisit pour héros le populaire Henri IV et pour sujet les guerres de Religion. Il en publie d'abord une version incomplète, *La Ligue ou Henri le Grand*, en 1723, puis achève l'œuvre qui paraîtra outre-Manche sous le nom de *La Henriade*.

La Henriade (1728)

DESCRIPTIF

Cette épopée en dix chants commence à l'époque où Henri III, roi de France, et Henri de Bourbon, roi de Navarre, se réconcilient et assiègent Paris occupé par la Ligue catholique. Henri III envoie Bourbon demander de l'aide à Elisabeth d'Angleterre (I). À la reine il fait le récit des massacres de la Saint-Barthélemy et des horreurs suscitées par les guerres de Religion (II et III). Son retour en France soulève la fureur des

Ligueurs (IV). Henri III est assassiné par le moine Jacques Clément. Bourbon est proclamé roi de France sous le nom de Henri IV (V). Saint Louis lui apparaît en songe pour lui recommander la patrie (VI) et lui prédire un avenir glorieux (VII). Henri IV conquiert son royaume les armes à la main (VIII), mais oublie un moment son devoir dans les bras de la belle Gabrielle d'Estrées (IX). Éclairé par l'intercession de Saint Louis, il abjure le protestantisme et Paris lui ouvre ses portes (X).

COMMENTAIRE

Ce poème en alexandrins, vivement mené est agréable à lire, même si l'imitation de Virgile conduit à de longues descriptions de batailles. Voltaire ne conçoit pas que l'inspiration épique se développe en dehors des règles consacrées du genre. L'œuvre contient tous les épisodes traditionnels empruntés à Virgile, à Homère, à Lucain ou au Tasse – naufrages, songes, prophéties, apparitions – et reprend toutes les formes consacrées : épithètes nobles, images mythologiques, allégories, prosopopée, digressions historiques. Il faudra attendre Diderot (« la poésie veut quelque chose d'énorme, de barbare et de sauvage ») et la recherche romantique d'un épique moderne pour pousser *La Henriade* dans un oubli d'ailleurs relatif.

Les contemporains de Voltaire admirent en tout cas la vigueur de l'œuvre, ses formulations frappantes, ses traits piquants. *La Henriade* fourmille de maximes, de vers sentencieux et philosophiques qui plaisent par leur nouveauté et parce qu'on y voit l'expression hardie d'un esprit nouveau. On admire l'évocation vibrante du massacre de la Saint-Barthélemy, la dénonciation ironique ou indignée du fanatisme* et sa sauvagerie primitive.

> « [...] Les ligueurs en furie
> commencent à grands cris ce sacrifice impie
> Leurs parricides bras se lavent dans le sang. »

On apprécie encore l'esquisse d'une théorie du pouvoir royal réprimant les factions dans une société pluraliste et le choix d'un héros qui fait triompher la liberté de conscience et personnifie le type du souverain éclairé dont le siècle des Lumières se réclamera.

LA CRÉATION DE LA POÉSIE PHILOSOPHIQUE

La réflexion morale, la méditation philosophique et la recherche scientifique déclenchent souvent chez Voltaire le réflexe poétique. Rêvant de devenir «un Boileau qui serait philosophe», il est convaincu que les vers permettent mieux que la prose d'exprimer des idées et de les disposer en formules serrées, vivantes et harmonieuses. Amalgamant l'épique, la légèreté et le didactisme, Voltaire invente ainsi la poésie philosophique.

Son aisance à s'emparer de toutes les formes et de toutes les tonalités apparaît dans l'irrespect badin du *Mondain* dont les décasyllabes ressortissent à la fois de l'épître et de la satire.

Le Mondain (1736)

DESCRIPTIF

Provocation spirituelle alternant les formules épicuriennes et les scènes burlesques, le poème *Le Mondain* critique d'abord l'état de la pure nature en dépeignant Adam et Ève : «Les ongles longs, un peu noirs et crasseux.»

Puis Voltaire extériorise sa joie de bien vivre, justifiant le luxe par une argumentation mercantiliste et affirmant la relation entre le bonheur et la civilisation :

«Ce temps profane est tout fait pour mes mœurs.
J'aime le luxe et même la mollesse
Tous les plaisirs, les arts de toute espèce.»

Cette allégresse iconoclaste envers son temps revêt une portée subversive : si le Paradis terrestre se trouve ici-bas, celui de l'au-delà est inutile.

Une poésie d'émotions et de convictions

Plus élevé, le discours en vers se confond volontiers avec l'épître. En écrivant l'*Épitre à Madame du Châtelet sur la philosophie de Newton* (1736), Voltaire met son lyrisme au service de l'union entre la science et les philosophies lancées à la découverte de la vérité. On décèle dans cette présentation d'une nouvelle conception du monde une ivresse du poète devant la contemplation de la nature.

L'épître peut adopter une gravité soutenue pour s'adapter aux grands sujets de la morale et de la destinée comme dans les *Discours en vers sur l'homme*.

Discours en vers sur l'homme (1738-1745)

DESCRIPTIF

Cette œuvre de longue haleine trouve son unité d'inspiration sous un titre qui rappelle l'*Essai sur l'homme* de Pope* et est considérée par les contemporains comme « le chef-d'œuvre de la poésie philosophique au XVIIIe siècle » (Condorcet). Les sept longues épîtres qui la composent traitent successivement de l'égalité des conditions, de la liberté, de l'envie, de la modération, de la nature du plaisir, de la nature de l'homme et de la vraie vertu. Voltaire y constitue un « système de morale » et l'adresse à Frédéric, prince royal de Prusse : il se voit devenir le précepteur d'un futur grand roi philosophe qu'il met en garde contre la vanité de la métaphysique. Démontrant avec émotion qu'il suffit d'avoir perdu la liberté pour y croire (« Tu l'avais donc en toi puisque tu l'as perdue ! »), Voltaire donne un tour personnel à ses conclusions : il faut travailler modestement pour essayer de trouver le bonheur ; l'homme a beau tenter de s'élever au-dessus de sa condition, il n'en reste pas moins un homme, rien qu'un homme.

Voltaire est convaincu depuis longtemps que la noblesse de certains sujets ou l'ambiance émotive où ils se situent exige la forme versifiée. Telle est la déiste *Épître à Uranie* (1731) où le poète se tourne vers le Dieu véritable :

> « Entends, Dieu que j'implore, entends du haut des Cieux,
> Une voix plaintive et sincère ;
> Mon incrédulité ne doit pas te déplaire,

> Mon cœur est ouvert à tes yeux ;
> On te fait un tyran, en toi je cherche un Père.
> Je ne suis pas chrétien, mais c'est pour t'aimer mieux. »

C'est encore la conviction déiste* qui inspire le philosophe quand il répond à l'athéisme* du baron d'Holbach par l'*Épître à l'auteur du livre des trois imposteurs* (1765). La vivacité de la critique y rejoint le génie de la formule : « Si Dieu n'existait pas, il faudrait l'inventer », et inscrit l'œuvre dans la tradition de la littérature engagée.

Les luttes de Voltaire continuent, mais le poète sait prendre le temps de se confier dans une épître familière. Il se met en scène librement dans l'*Épître à Horace* (1772), dresse un bilan de sa vie : « J'ai fait un peu de bien ; c'est mon meilleur ouvrage », et célèbre le bonheur de sa retraite active à Ferney. Il retrouve alors le ton de l'*Épître au Président Hénaut* (1748) aux octosyllabes légers ou plaisants et de l'*Épître à Madame Denis sur la vie de Paris et de Versailles* (1749) où, parmi les décasyllabes faisant danser l'humanité qui entoure une mondaine, apparaît un vers qui ne surprendrait pas sous la plume de Pascal ou de Baudelaire :

> « Notre ennemi le plus grand, c'est l'ennui. »

Quand il ne choisit pas d'utiliser le vers pour exprimer des vues philosophiques ou célébrer son amour de la vie, Voltaire montre que les formes imposées, qu'il justifie dans son ouvrage de critique littéraire *Le Temple du Goût* (1733), et notamment l'alexandrin avec la césure à l'hémistiche, ne sont en rien contradictoires avec l'expression des idées les plus contestataires ou d'une élégante conviction humaniste. Ses poèmes tendent souvent à une prose rythmée, d'où la pensée sort plus frappante. Leur légèreté, leur éloquence, leur gravité, leur harmonie serviront de modèle à Chénier, Lamartine, Vigny et Musset quand ces poètes, comme Voltaire, auront plus tard à cœur de transmettre un message.

Poème sur le désastre de Lisbonne (1756)

DESCRIPTIF

Quand Voltaire apprend le tremblement de terre de Lisbonne, il est frappé dans sa sensibilité et voit «cent mille victimes, notre prochain, écrasées tout d'un coup dans notre fourmilière et la moitié périssant sans doute dans des angoisses inexprimables» (Lettre à Tronchin du 24 novembre 1755). Cette réaction émotionnelle le porte à écrire en quelques jours un poème marqué par le sentiment de l'horreur que traduit un tableau pathétique* des morts et des ruines. L'indignation du poète éclate contre l'arbitraire du destin et les impostures consolantes des philosophes providentialistes*. Elle prend la forme d'une des images qui obsèdent Voltaire, celle de l'écrasement de l'homme sous le chaos de l'univers, et exprime le constat de la simultanéité scandaleuse entre l'existence de Dieu et la présence du Mal.

COMMENTAIRE

Dans le *Poème sur le désastre de Lisbonne*, l'imagination et la sympathie transforment le discours en vers en une succession d'interrogations, d'apostrophes et d'interjections indignées. La tonalité épique est mise en valeur par le jeu des figures de style, les échos sonores, les rythmes frappants des formules catégoriques :

« Un jour tout sera bien, voilà notre espérance.
Tout est bien aujourd'hui, voilà l'illusion. »

Enfin, l'utilisation des ressources de la versification traduit l'oscillation entre une évocation chaotique de la mort et la suggestion plus harmonieuse de l'espoir en l'homme et en Dieu : le pessimisme radical de ce poème lyrique n'exclut pas une morale de la solidarité humaine et la croyance au progrès de l'humanité grâce à la propagation des Lumières*.

DE LA CÉLÉBRATION À LA NOSTALGIE

La tradition des odes

Les *Odes* composées par Voltaire s'intègrent à une poésie teintée par le militantisme. Elles se rattachent à la tradition d'un genre introduit par Ronsard et illustré par Malherbe et Boileau : un poème lyrique régulièrement distribué en strophes et destiné soit à célébrer de grands événements ou de hauts personnages, soit à exprimer des sentiments plus familiers. L'Ode VI célèbre le Maréchal de Richelieu, tandis que l'Ode V magnifie la Chambre de Justice établie en 1715 et l'Ode VIII la paix de 1736. Le poète oriente le genre vers l'actualité philosophique dans l'Ode VII sur le fanatisme où il fait référence à Spinoza, dans l'Ode XI sur le vrai Dieu, premier texte déiste* de Voltaire où, dès 1715, apparaît une satire des mystères chrétiens de l'Incarnation et de la Rédemption. Monarchiste convaincu et soucieux de rivaliser avec l'*Ode sur la prise de Namur* de Boileau, Voltaire célèbre encore le rôle décisif du roi dans un grand État moderne dans le *Poème de Fontenoy* (1745) : dépassant la tradition de la poésie historiographique, il introduit une véritable émotion quand il évoque la présence du roi sur le champ de bataille et la cruauté des sacrifices.

Les satires

Le rayonnement de Voltaire n'est pas moindre dans la satire. Sa verve se déchaîne au moment des luttes pour l'*Encyclopédie* et il prend à partie les deux principaux ennemis des philosophes, le critique littéraire catholique Fréron* et l'académicien Lefrance de Pompignan, dans des satires spirituelles et passionnées : *Le Pauvre Diable* (1758) et *La Vanité* (1760). Ce sont des sortes de revues composées de couplets où le rythme allègre et sautillant du décasyllabe s'adapte à merveille à la peinture des ridicules. Dans un registre mineur, l'épigramme*, Voltaire ne le cède à personne. Grâce à ses quatrains venimeux contre Fréron, celui-ci passe à la postérité :

> « L'autre jour au fond d'un vallon
> Un serpent pique Jean Fréron.
> Que pensez-vous qu'il arriva,
> Ce fut le serpent qui creva. »

Les poésies fugitives

Les «poésies fugitives», très à la mode au XVIIIe siècle, ne conviennent pas moins à la verve malicieuse de l'écrivain. Ses stances, ses madrigaux badins, descriptifs, galants ou tendres, permettent d'apprécier le jeu élégant des mots, de la rime et de la césure. Voltaire sait ainsi trouver des accents sensibles pour célébrer en 1729 l'amitié qui le liait à son ami Génouville :

> «Malheureux, dont le cœur ne sait pas comme on aime
> Et qui n'ont pas connu la douceur de pleurer.»

Ou bien il introduit une discrète mélancolie, faisant de ses *Stances à Madame Lullin* (1773) un chef-d'œuvre de la poésie élégiaque aux résonances lamartiniennes :

> «Nous naissons, nous vivons, bergère,
> Nous mourons sans savoir comment ;
> Chacun est parti du néant.
> Où va-t-il ? ... Dieu le sait, ma chère.»

Conclusion

Le siècle de Louis XV apparaît en poésie comme le siècle de Voltaire. Toutes ses œuvres réunies permettent de définir une esthétique fondée sur un idéal de régularité contenue, propice au didactisme, mais n'excluant ni la grandeur, ni l'élégance, ni la grâce, ni la sensibilité. Liée aux grandes idées de la pensée au XVIIIe siècle, exprimant par son imaginaire des colères, des angoisses ou des nostalgies, la poésie de Voltaire n'est pas étrangère à la naissance de la poésie romantique.

LE CONTEUR

Voltaire est un conteur né, brillant par un art du récit allègre et de l'anecdote piquante qui se donne libre cours dès les *Lettres philosophiques* ou l'*Histoire de Charles XII*. Il publie son premier conte, alors qu'il a dépassé la cinquantaine. S'il découvre rapidement le pouvoir des fables, c'est-à-dire leur efficacité philosophique, il les dénigre longtemps au nom de son idéal classique. Et quand il se laisse enfin prendre au jeu de la fiction romanesque, il ne se doute nullement que ses contes créent un genre nouveau qui, bien plus que l'épopée, la tragédie, la poésie ou l'histoire, s'accorde à son génie.

SOIXANTE ANS DE CONTES

Bien loin de penser être un jour illustre par ses contes, Voltaire écrit vers 1715 à la cour de Sceaux deux improvisations qu'il ne songe pas à publier, *Le Crocheteur borgne* et *Cosi-Sancta*. Cette nouvelle africaine et ce rêve érotique font regretter que l'écrivain, méprisant une forme où il déploie à loisir sa verve, son invention et sa souplesse, ne revienne au conte qu'en 1737 avec *Le Rêve de Platon*. Dans l'atmosphère de retraite studieuse où il vit à Cirey, Voltaire tire de ses travaux le point de départ de « fadaises philosophiques » : l'attraction universelle lui inspire *Le Voyage du baron de Gargan*, première ébauche de *Micromégas*.

Sa rentrée dans la capitale, son séjour à la cour influencent ses préoccupations liées à des ambitions mondaines : *Babouc* transpose la tentation qu'exerce sur lui la vie parisienne, mais bientôt *Zadig* évoque les désillusions de Voltaire, ses abdications et sa disgrâce. Son héros, tout en dénonçant le scandale de la Destinée, se rattache encore à la philosophie de Leibniz* et s'incline devant les manifestations de la Providence. La hantise de l'exil influence le second *Memnon* (1749) qui introduit la fatalité du péché originel, renonce à la théorie du libre arbitre et conclut à la faillite de l'ordre providentiel.

Le retour au conte (si l'on excepte la mise au point de la publication de *Micromégas* chez Frédéric II) se fait en 1753-1754. Ulcéré par son emprisonnement à Francfort et gagné par le désespoir, Voltaire abdique devant l'absurde dans *Scarmentado* et rédige, pour «couvrir d'opprobre dans la postérité» ses persécuteurs, les *Lettres d'Amabed* qu'il publiera seulement en 1769. Bouleversé par le tremblement de terre de Lisbonne et les horreurs de la guerre de Sept Ans, exaspéré de sa propre naïveté, l'écrivain libère ses obsessions dans *Candide,* miroir grimaçant du providentialisme* leibnizien et des philosophies de l'optimisme.

La veine des contes prend brièvement, après la guerre de Sept Ans, l'aspect d'une littérature de divertissement : en 1764, *Le Blanc et le Noir,* dernier conte onirique de Voltaire, offre une image plaisante du manichéisme* et le conte moral de *Jeannot et Colin* associe le thème du bourgeois gentilhomme à celui du paysan parvenu. Mais voltaire est déjà engagé dans sa lutte contre l'infâme. Il publie *Le Pot pourri,* qui illustre les articles sur la tolérance du *Dictionnaire philosophique,* et *L'Aventure indienne,* où la fiction asiatique offre un écho à la condamnation du chevalier de La Barre par le fanatisme* aveugle, puis passe du conte satirique au roman sensible dans *L'Ingénu,* qui condamne toutes les formes de l'arbitraire et de l'oppression.

La fiction est désormais mise systématiquement par Voltaire au service de ses idées. En 1768, il utilise le conte de fées dans *La Princesse de Babylone* pour organiser un voyage philosophique à travers l'Europe des Lumières et se fait professeur d'économie politique dans *L'Homme aux quarante écus*. Il reprend ses *Lettres d'Amabed* et enrôle le conte historique dans la lutte contre l'Inquisition. *Le Taureau blanc* (1772) montre l'antériorité des Égyptiens sur les prophètes et souligne les incohérences de la Bible. Le travestissement anglais s'impose à l'écrivain pour passer en revue les formes de la superstition dans *Les Oreilles du comte de Chesterfield* et pour s'opposer à la montée de l'athéisme* par une profession de foi théiste* dans *L'Histoire de Jenni* (1775). Les contes de Voltaire sont ainsi devenus une mise en scène de sa philosophie personnelle et des polémiques les plus immédiatement actuelles.

ROMANESQUE ET INCOHÉRENCE

La plupart des contes reprennent la tradition romanesque du voyage, très goûtée par le public. Mais le voyage devient principe organisateur du conte, car Voltaire dote la chronologie d'une cohérence logique et d'un ordre nécessaire. Si l'amour seul lance la princesse de Babylone à la recherche d'Amazan, ce motif sentimental est lié à des considérations sociales ou politiques dans *Zadig, Scarmentado* ou *Candide,* et Micromégas doit s'exiler pour des raisons religieuses : le romanesque revêt donc une portée idéologique. Une fois chassés de leur pays d'origine, les héros de Voltaire connaissent le renouvellement et l'aggravation de l'exil initial. Expulsé par le baron de Thunder-ten-Tronckh, Candide est bientôt poursuivi comme déserteur. Il fuit Lisbonne après avoir tué le Grand Inquisiteur, le Paraguay après le meurtre du baron jésuite. Le séjour en Eldorado le rend maître de son destin : il a découvert dans la perfection de l'utopie* l'imperfection du monde et les erreurs du providentialisme*. Une structuration analogue régit *Zadig* ou *La Princesse de Babylone* : informé que Formosante l'a rejoint à Paris, Amazan interrompt sa fuite, puis entreprend la reconquête de l'héroïne et de son trône.

Le recours à un échantillonnage de poncifs romanesques (enlèvements, persécutions, séquestrations, déguisements, naissance inconnue, duels, naufrages, esclavage, morts qui ressuscitent) impose l'image des vicissitudes de l'existence humaine. Zadig doit renoncer à l'illusion de la fidélité, découvre à ses dépens le danger de l'observation scientifique et doit fuir une cour où il se croyait indispensable. Tout ce qui arrive dans les contes est banalisé par son foisonnement et Martin, reflétant en cela la situation et les sentiments des autres personnages de *Candide,* le constate : « J'ai vu tant de choses extraordinaires qu'il n'y a plus rien d'extraordinaire. » L'utilisation des moyens romanesques permet donc à l'auteur de décrypter et de démythifier la vie.

Candide (1759)

RÉSUMÉ

Projection mythique des angoisses éprouvées par Voltaire en 1758 et témoignage de son évolution vers le pessimisme, Candide présente la vie des hommes comme une gesticulation absurde. La nature a donné à son jeune héros «les mœurs les plus douces» et «l'esprit le plus simple», et il a appris de son précepteur Pangloss que «tout est pour le mieux dans le meilleur des mondes possibles». Mais il transgresse l'interdit social : son amour pour Cunégonde le fait chasser de Westphalie par le baron de Thunder-ten-Tronckh, père de la jeune fille. Il est enrôlé de force dans l'armée bulgare, participe à une guerre meurtrière, voit Lisbonne s'écrouler sous un tremblement de terre, retrouve Cunégonde devenue une femme entretenue, s'enfuit avec elle au Paraguay où il rencontre l'oppression des Jésuites et échappe aux anthropophages. Un moment de rêve dans la société idéale de l'Eldorado interrompt cette immense odyssée qui s'achève en Turquie : Candide épouse Cunégonde enlaidie et convainc son entourage qu'il faut oublier les malheurs du monde en cultivant son jardin.

COMMENTAIRE

La critique du roman galant et picaresque

Dans *Candide,* l'idéal est devenu pure chimère et l'auteur recourt au burlesque* pour anéantir le mythe du roman sentimental. Cunégonde, belle et appétissante, riche de soixante-douze quartiers de noblesse, tombe d'une aventure avilissante dans l'autre : elle finirait comme laveuse d'écuelles en Turquie si Candide ne la rachetait, ne l'épousait (malgré sa transformation en laideron), lui permettant de devenir finalement une excellente... pâtissière. Nous voilà à l'opposé des héroïnes pudiques du roman galant : la déformation volontaire, qui tend à la démystification, joue un rôle fonctionnel.

Sa volonté de démystifier conduit aussi le conteur à utiliser l'impact critique du modèle picaresque illustré par Lesage dans l'*Histoire de Gil Blas*. Scarmentado et Candide témoignent de la difficulté de vivre dans le monde selon des principes que détruit une vérité progressivement révélée par l'expérience. Éternel ingénu, capable de s'étonner devant ce que chacun accepte sans discuter, Candide représente l'humanité entière. Poussant à l'extrême «la tension entre l'illusion narrative et le symbolisme idéologique» (Didier Souiller), les récits de Voltaire représentent des voyageurs dont le regard favorise la critique de la société et de ses mœurs.

Apprentissage et philosophie

Cette alternance entre l'expérience et l'idéal dans la formation de l'individu relève d'un autre domaine, celui du roman d'apprentissage*. Ce genre romanesque se renouvelle au XVIIIe siècle avec Marivaux, Prévost ou Crébillon : il confronte à la réalité un être singulier, relate son apprentissage de la vie, la rencontre entre une conscience et le monde extérieur. Les aventures de Babouc, de Zadig, de Memnon, de Candide ou de l'Ingénu s'insèrent parfaitement dans cette nouvelle formule romanesque. À travers l'incohérence apparente de leurs épisodes successifs, les contes sont des œuvres rigoureusement construites où les événements ne sont jamais gratuits et contribuent à la formation de la personnalité du héros et de son attitude devant l'existence. À leur fonction critique ils ajoutent donc une leçon positive. L'idée de «cultiver son jardin» est une reprise, contre Pascal, d'une morale de l'action, seul remède efficace à la misère de l'homme.

Une feinte objectivité

Candide est annoncé comme la traduction de l'œuvre d'un docteur allemand, ce qui laisse escompter un examen philosophique solide et sérieux. Ces clins d'œil de l'auteur correspondent à une survivance du goût classique : la fiction n'ose s'avouer pour telle et emprunte l'aspect de la réalité à un manuscrit présenté comme authentique ; le caractère fictif de l'œuvre est gommé par ces masques successifs au profit de la vraisemblance. En même temps, Voltaire brouille les pistes pour échapper à la censure au moment où une grande campagne dévote dénonce les philosophes comme des ennemis du roi et de Dieu.

L'usage systématique du récit à la troisième personne renforce l'apparence d'objectivité, ainsi que la distance entre Voltaire et le conte. Le narrateur est évincé du récit puisqu'il n'incarne aucun personnage.

L'alternance des voix narratives permet à Voltaire d'accentuer encore l'apparente objectivité de son récit en transférant à un de ses personnages la responsabilité de l'énonciation. La mise en accusation de l'esclavage dans *Candide* est portée non par le narrateur, mais par le personnage du nègre qui s'écrie : « C'est à ce prix que vous mangez du sucre en Europe. » L'auteur s'en remet aussi à ses personnages pour découvrir la vérité : la destruction du château de Thunder-ten-Tronckh et le massacre de ses habitants par les Bulgares sont racontés successivement par Pangloss en Hollande, par Cunégonde au Portugal et par le jeune baron au Paraguay. Sous forme d'« histoire intercalée », la narration de ses terribles aventures par la Vieille fournit à Voltaire une occasion exceptionnelle pour concentrer en deux chapitres de *Candide* toutes les formes du mal. Dans ce récit « en abîme », le passage au style direct renforce encore l'impression d'une narration objective s'en remettant à un témoignage.

La puissance de l'ironie

Tous ces procédés servent à contrebalancer la violence des attaques religieuses, sociales ou politiques lancées par Voltaire dans ses contes. L'éclairage ironique apparaît aussi derrière une admiration qui feint d'entrer dans le jeu de l'adversaire : les cellules de Candide et Pangloss à Lisbonne sont décrites comme « des appartements d'une extrême fraîcheur dans lesquels on n'est jamais incommodé du soleil ». Dans les *Lettres d'Amabed*, le sens du sacré est subitement corrodé par les aventures scabreuses que raconte Adalé avec une naïveté chargée d'équivoques.

Le narrateur joue également avec les rapports logiques. La puissance seigneuriale du baron de Thunder-ten-Tronckh est justifiée par de fausses raisons : « Son château avait une porte et des fenêtres... Le vicaire du village était son grand aumônier. » Ou bien le lien de cause à effet prend des proportions inattendues. La dérision du lien causal offre au conteur un des moyens les plus sûrs pour développer le sens de la raillerie et dénoncer l'absurdité. Les sages de Lisbonne après le tremblement de terre décident un bel autodafé : « On avait en conséquence saisi un Biscaïen convaincu d'avoir épousé sa commère et deux Portugais qui en mangeant un poulet en avaient arraché le lard. »

Voltaire affirme ainsi dans le récit sa propre vision des événements : dès le premier chapitre d'un conte, la « focalisation zéro » révèle un narrateur omniscient qui connaît les pensées intimes de Zadig ou les secrets de naissance de Cunégonde. Cette vue globale des choses permet à l'écrivain de raconter chaque événement comme les personnages sont supposés le voir ou le ressentir et renforce sa vision critique du monde. La vision d'un témoin extérieur peut faire ressortir la cruauté ou l'absurdité d'une situation intolérable : cet usage de la focalisation externe permet de faire disparaître les structures causales. Mais Voltaire recourt beaucoup plus fréquemment au point de vue de son héros sur les événements qu'il vit ou qu'il découvre. La focalisation interne permet de présenter la bataille entre les Abares et les Bulgares avec des détails qui révèlent l'incompréhension totale du naïf Candide bercé par le providentialisme de son précepteur. Le jeune homme décrit les phases successives du combat sur un ton d'allégresse qui fait ressortir ironiquement l'horreur de la guerre. Commentateur de sa propre aventure, le héros est incapable de fournir une analyse critique ou d'expliquer le sens d'événements qui le dépassent.

La fantaisie

La lecture n'est pas moins bousculée que le héros par la fantaisie débridée des épisodes romanesques : les **contes** sont riches en péripéties, rebondissements, coups de théâtre ou coïncidences inattendues. Mais cette fantaisie n'a rien de gratuit. Les événements sont étroitement imbriqués dans l'actualité intellectuelle, politique, économique et sociale du XVIIe siècle ou plus souvent du XVIIIe siècle. Le nain de Saturne dans *Micromégas* offre une caricature plaisante de Fontenelle ; on reconnaît les théories mercantilistes dans *L'Homme aux quarante écus* ; et, à travers les aventures fictives de ses personnages, *Candide* véhicule l'idée d'une liaison entre la métaphysique* et les persécutions dont sont victimes les philosophes. Ainsi sont ébranlés les fondements du système de pensée qui sert de justification à l'oppression.

Les questions posées par Voltaire naissent également de l'emprunt à l'imaginaire et à l'utopie* dans l'Eldorado ou dans le pays des Gangarides. En ce sens le meurtre du baron au Paraguay constitue une victoire de Candide sur le noble et l'or de l'Eldorado donne la suprématie au bourgeois Candide sur son valet dans ce conte d'ascension sociale qu'est aussi le chef-d'œuvre de Voltaire. Il n'est jusqu'à l'incohérence des enchaînements qui ne permette une lecture critique, par le biais de rapprochements comme celui entre l'autodafé et le feu allumé par les Oreillons anthropophages. Quant à la multiplication des aventures, elle revêt une signification profonde. Les allusions incessantes à la réalité montrent que seul leur nombre rend les aventures irréelles : Voltaire n'en est plus à se battre contre un désordre ou une injustice, mais contre un ensemble de désordres et d'injustices.

Le merveilleux

Le merveilleux qui foisonne dans les contes relève d'une double lecture, c'est-à-dire d'une analyse rationnelle montrant comment à partir des apparences se fabriquent de fausses évidences. Si le lecteur voit revivre Cunégonde, le jeune baron ou Pangloss, c'est qu'il avait cru à leur mort, que l'auteur n'avait nulle part annoncée. Enfin le plus étonnant miracle de *Candide* selon l'auteur, c'est-à-dire le souper où six rois détrônés se retrouvent dans un cabaret vénitien, n'est-il pas là pour couvrir d'un masque la gravité du problème posé par cet épisode du conte ?

Automatisme et ressassement

L'automatisme de personnages irréels fait partie des traditions du genre. René Pomeau parle à propos des contes de «spectacle» et voit en Voltaire un magistral «ordonnateur», un metteur en scène usant de toutes les possibilités que lui confère son rôle de créateur d'histoires. À Cirey, Voltaire ne donne-t-il pas d'excellentes représentations où, jouant lui-même, il fait défiler ses ennemis «avec des propos à mourir de rire» ? Mais le conteur ne se limite pas à une vision de l'humanité peuplée d'ombres, il introduit des détails qui donnent de l'«épaisseur» à ses personnages. Constamment «interdit» ou «éperdu», Candide est tout candeur, mais à la fin du conte on apprend qu'il a été «élevé à ne rien juger par lui-même». C'est donc son éducation qui est en cause, et non pas un simple trait de caractère.

Le ressassement et l'exagération – qui figurent parmi les procédés comiques préférés de Voltaire – servent aussi à dépasser la fonction de l'automatisme dans le conte et à établir des liaisons critiques entre les événements. On répète que Candide est le meilleur homme du monde, mais comme par hasard il tue un banquier juif, un inquisiteur et un jésuite, c'est-à-dire trois personnages qui jouent un rôle fondamental dans la société du XVIIIe siècle. Si l'intrigue apparaît parfois intemporelle, les références y sont d'une transparence absolue. Les contemporains aperçoivent des rapports entre l'embastillement de l'Ingénu et celui du procureur La Chalotais victime des Jésuites et ils découvrent dans le héros la figure générique de tous les innocents persécutés dont Voltaire fait, de 1762 à 1767 principalement, les héros de ses «affaires».

Zadig ou la Destinée (1748)

RÉSUMÉ

Simple habitant de Babylone, mais paré de toutes les qualités physiques, morales et intellectuelles, Zadig croit qu'il peut être heureux. Mais sa fiancée l'abandonne et son épouse lui est infidèle. Il se replie sur lui-même et s'adonne à l'étude de la nature. Devenu Premier ministre grâce à sa prodigieuse sagacité et à l'amour de la reine Astarté, il décrit un aller et retour. Une injuste jalousie et l'intrigue le font chasser : il fuit jusqu'en Égypte où il est vendu comme esclave. L'Arabie marque le début de sa reconquête : il obtient sa liberté, retrouve Astarté, assure son bonheur après de rudes épreuves, reçoit la révélation de l'ange Jesrad – « figure symbolique d'un Dieu aux voies insondables et pourtant raisonnables » (René Pomeau) – qui l'invite à se soumettre devant les manifestations de la Providence et monte sur le trône de Babylone où Astarté et lui, en souverains éclairés, font régner la paix, la justice et le bonheur.

COMMENTAIRE

Dans ce conte, Voltaire prête à son héros sa propension d'homme de cinquante ans à dresser un bilan de son existence.

La réussite de *Zadig* tient à sa dimension poétique et au choix de la fiction orientale. Voltaire investit dans celle-ci pour mieux la confisquer et la réconcilier avec les exigences de la raison et de l'idéal, celle-ci favorisant l'ironie en suggérant des rapprochements polémiques et en accentuant la gratuité des aventures. Outre cela, la fiction y apparaît comme une réalité et prétend à la vérité du témoignage. « Au temps du roi Moabdar, il y avait à Babylone un jeune homme nommé Zadig, né avec un beau naturel fortifié par l'éducation. » Cet effort d'objectivation permet aussi d'inverser la présentation de la réalité : le narrateur souligne la stupidité des condamnations portées contre Zadig en insistant sur le constant respect des formes juridiques par les juges babyloniens ou égyptiens. De même, c'est le profond et subtil discernement de Zadig qui « lui vaut tant de malheurs ».

L'Ingénu (1767)

RÉSUMÉ

Agencé comme un drame, ce roman met aux prises un homme de la nature avec la corruption engendrée par une religion factice et la structure despotique de l'État. Un jeune Huron d'Amérique débarque à Saint-Malo où un prieur et sa sœur le reconnaissent pour leur neveu et le font baptiser. Il repousse par son intrépidité un débarquement anglais en Basse-Bretagne, conquiert le cœur de sa marraine, Mlle de Saint-Yves et se rend à Versailles où il se fait remarquer pour sa rude franchise (son «ingénuité»). Pour prix de ses services, il est emprisonné à la Bastille par une lettre de cachet. Mlle de Saint-Yves, fuyant le couvent où on l'a enfermée, vient solliciter la libération de celui qu'elle aime auprès d'un sous-ministre. Effrayée par les propositions trop pressantes de son interlocuteur, elle demande secours à son confesseur jésuite, le Père Tout-à-tous, qui lui conseille de sacrifier son honneur. L'Ingénu est libéré, mais Mlle de Saint-Yves meurt de douleur et de honte. Au contact brutal de la civilisation, le héros devient philosophe et accepte une charge d'officier.

COMMENTAIRE

À l'acquisition progressive d'un savoir par son héros, le conte ajoute une signification liée à la manière dont Voltaire raconte les événements. La distinction entre l'auteur et le narrateur naît de l'usage du pseudonyme. En effet, le narrateur de *L'Ingénu* apparaît comme le Père Quesnel, un oratorien janséniste (1634-1719).

L'intervention critique de l'écrivain est réintroduite par des intrusions volontaires qui rappellent l'existence de l'auteur. L'Ingénu emprisonné devient «notre captif», «notre infortuné». À travers lui, Voltaire développe l'image de l'homme naturel idéal, né du jardin de *Candide* et enrichi par l'apport de la civilisation. L'atmosphère finale est celle de l'apaisement qui prend la relève de la violence satirique et de l'idylle sensible traversée : l'idéal se soumet aux exigences de la vie.

Micromégas (1752)

RÉSUMÉ

Voltaire utilise dans ce conte l'attraction universelle, récemment découverte par Newton*, pour faire voyager à travers les espaces intersidéraux Micromégas, habitant d'une planète du monde de Sirius. Ses audaces scientifiques font bannir de chez lui cet être spirituel et cultivé, haut de trente-deux kilomètres, et il part pour un voyage céleste. En passant par Saturne, Micromégas donne au secrétaire de l'Académie des Sciences – le nain de Saturne – une leçon de relativisme physique et moral. Arrivé sur la terre en 1737, il découvre sur la Baltique, à l'aide d'un microscope, une expédition scientifique. La conversation s'engage : elle porte sur l'intelligence de l'homme, la guerre, les conquêtes de la science et permet à Micromégas de condamner la vanité des systèmes métaphysiques*.

COMMENTAIRE

Ce conte, où se reconnaissent les influences de Locke*, Newton* et Pope*, développe une critique de la connaissance, exalte la libération de l'homme par la science, souligne la faillite de l'anthropocentrisme* et débouche sur une sagesse humaniste de l'acceptation du monde tel qu'il est, malgré ses imperfections.

La Princesse de Babylone (1768)

RÉSUMÉ

Formosante, fille du roi de Babylone, qui éclipse l'univers de sa beauté, et Amazan, un Gangaride venu d'un pays où les hommes vivent selon la nature, éprouvent dès le premier regard une passion indestructible. Des traverses passagères déclenchent une course-poursuite,

> Formosante n'arrivant dans un pays que pour apprendre qu'Amazan vient d'en partir pour courir à sa recherche. Admirable prétexte pour Voltaire qui brosse un voyage philosophique à travers l'Europe des Lumières. Les deux amants se retrouvent enfin et s'épousent au milieu de la joie de leur peuple, chez qui ils vont faire régner la liberté.

COMMENTAIRE

Variante orientale du thème de l'Eldorado, ce conte utopique associe le merveilleux, la fantaisie, le réalisme et la satire.

L'imagination romanesque s'y donne libre cours dans les fastes d'un univers oriental féerique : le phénix, oiseau divin pour les Chaldéens, y ressuscite de ses cendres, des griffons tirent le canapé volant de la princesse, trois grands rois essaient en vain de tendre l'arc du légendaire chasseur Nemrod, et on sert rôti le bœuf Apis au festin couronnant le mariage des deux héros. Car le conte est aussi un conte d'amour.

LES LEÇONS DES CONTES

Livrée dans les contes au travail d'une écriture constamment sous-tendue par l'ironie, la philosophie y apparaît réduite à ses leçons fondamentales, «plus radicale peut-être que lorsqu'elle s'exprime à travers essais et traités» (Jean-Marie Goulemot).

Dieu, les religions et le clergé

Toute sa vie, Voltaire (tout en ne remettant jamais en cause l'existence de Dieu : il combat au contraire vigoureusement l'athéisme* dans l'*Histoire de Jenni*) a ridiculisé les religions révélées, les hommes d'Église et les institutions religieuses. Décrivant la bonne formation initiale de Zadig, il précise que son héros «savait de la métaphysique ce qu'on en a su dans tous les âges, c'est-à-dire fort peu de choses». Ce mépris est symbolisé par le livre blanc que Micromégas offre aux savants qu'il a découverts sur la Baltique. C'est ce mépris qui explique le rejet par l'Ingénu de tous les systèmes, dénoncés par les formules de «roman de l'âme» ou de «faussetés obscures», et le silence opposé aux métaphysiciens ridicules par l'ange Jesrad dans *Zadig*, par le derviche dans *Candide* et par le phénix dans *La Princesse de Babylone*.

La discussion entre les représentants des religions antiques lors du souper à Bassorah porte sur la valeur des différentes religions, chacun des convives défendant par des arguments simplistes celle où il a été élevé : or Zadig montre que les divergences ne portent que sur des rites, c'est-à-dire sur l'aspect extérieur et donc superficiel des religions. La querelle s'envenime jusqu'à l'intervention du héros : ainsi la raison vient à bout de l'intolérance. Dans *Candide*, le christianisme se présente sous forme de sectes rivales en quête de prosélytes et de conquêtes. Et la vision de l'Islam et de la religion juive n'est pas moins critique. À ce sectarisme idolâtre, Voltaire oppose une religion construite autour d'un Dieu créateur et organisateur de l'univers que Zadig ou la princesse de Babylone remercient de sa bonté et dont l'Ingénu découvre l'existence dans l'organisation de l'univers calculée par Newton.

Tout clergé est dès lors inutile pour Voltaire : chez les Gangarides, on confie aux perroquets la fonction de prédicateur. Les institutions religieuses sont violemment attaquées par les contes qui y décèlent le fanatisme et la volonté de puissance. *Candide* et *L'Ingénu* s'indignent du pouvoir temporel des Jésuites. *La Princesse de Babylone* et les *Lettres d'Amabed* dénoncent de façon cinglante l'Inquisition. Et l'hypocrisie de «l'Infâme» apparaît dans le double langage de l'Église sur le problème de l'esclavage ou dans le recours au même *Te Deum* dans les deux camps pour remercier Dieu après la bataille.

La guerre et la barbarie

La guerre est évoquée dans les contes de façon obsédante. *Micromégas*, *Babouc*, *L'Ingénu* et *La Princesse de Babylone* présentent les responsables des tueries jouant avec les vies humaines. L'horreur de la «boucherie héroïque» est à l'origine même de *Candide*. <u>L'écrivain est bouleversé par les massacres de la guerre de Sept Ans</u> : «Un million d'assassins enrégimentés courant d'un bout de l'Europe à l'autre exerce le meurtre et le brigandage.» Et de rêver dans l'utopie gangaride de *La Princesse de Babylone* à la pratique consistant à soigner les agresseurs pour les guérir définitivement de l'envie de se battre.

La guerre n'est qu'une des formes du mal passées en revue dans l'*Histoire des voyages de Scarmentado*. Son héros, entreprenant le tour du monde prétendu civilisé, découvre toutes les abominations perpétrées par l'homme dans les différents pays à la même époque : la civilisation est velléitaire, la barbarie fondamentale. Présenté par son titre comme un conte à thèse, *Candide ou l'Optimisme* souligne, par la brutalité des faits et du récit, qu'en plein XVIIIe siècle la férocité et le fanatisme accumulent les victimes. <u>L'optimisme entêté de Pangloss incarne l'imposture des philosophies providentialistes*</u> devant une évidence : les calamités auxquelles échappe miraculeusement le jeune Westphalien s'abattent sur des multitudes d'hommes.

La cavalcade de Candide à travers les fureurs ou les folies humaines – qui annoncent le sombre tableau de la justice et du gouvernement royal brossé dans *L'Ingénu* – s'achève dans un petit jardin de Turquie. Cultiver son jardin en limitant son horizon ne correspond en rien à la nature même de Voltaire. Zadig est heureux seulement quand il se bat pour Astarté ou règne en souverain éclairé mettant fin à toutes sortes d'abus. Même l'Ingénu se tourne au dénouement vers une action militante. La seule loi proposée par le dernier chapitre de *Candide* est une loi laïque préconisant le travail comme un moyen de libération et de sagesse : à la société inutile de Thunder-ten-Tronckh succède la société productive de la Propontide où la tolérance permet la cohabitation des chrétiens et des musulmans. Candide, comme Micromégas, Zadig, L'Ingénu ou Amazan, cherche à améliorer la vie des hommes. La morale des héros des contes doit être replacée dans la perspective voltairienne de l'homme fait pour l'action.

Conclusion

Voltaire réussit ainsi à produire avec le roman philosophique un genre spécifique suffisamment fantaisiste pour plaire, suffisamment ironique pour aiguiser le sens critique, suffisamment crédible pour entraîner l'adhésion. C'est à partir de la pédagogie des œuvres qu'il faut mener l'analyse : constamment présent dans ses contes, Voltaire leur impose une dynamique propre et en fait l'incarnation du militantisme des Lumières.

LE PHILOSOPHE ENGAGÉ

Durant les vingt-cinq dernières années de sa vie, sa gloire et son succès social confèrent à Voltaire, devenu «le patriarche des Lumières*», une influence européenne sur les milieux intellectuels et sur l'opinion publique. Son action s'exerce par de grandes œuvres de combat comme le *Traité sur la tolérance* (1763), le *Dictionnaire philosophique* (1764) et les *Questions sur l'Encyclopédie* (1770-1772), mais aussi par des dialogues philosophiques et par de multiples pamphlets nés de l'actualité.

GRANDES CAUSES ET GRANDS COMBATS

La philosophie de Voltaire est constamment appuyée sur une stratégie. Tout y est pensé par rapport au lecteur, avec une volonté de séduction, de conviction, de démystification et de subversion. Elle se pose en s'opposant et dénonce l'erreur, les préjugés et les superstitions. L'examen des textes sacrés entrepris par le philosophe depuis Berlin lui permet de mettre en lumière le caractère artificiel de la religion chrétienne en posant des questions : «Est-il bien vrai qu'il y ait eu un Moïse?» Le *Dictionnaire portatif* et les pamphlets reviennent inlassablement sur les fables de la Bible et du Nouveau Testament ou la distance qui sépare le christianisme de ses sources, distance si considérable qu'il a fallu inventer des commentaires, interprétations et exégèses spécieux. La raillerie voltairienne ouvre la voie à une lucidité critique, quand elle dénonce des impossibilités et des invraisemblances : le déluge universel, le raisin cueilli dans la Terre Promise ou les étrangetés de l'Exode.

À la conscience de la dimension historique du problème s'oppose chez Voltaire l'idée d'une vérité intemporelle. Parmi les opinions divergentes, l'étude de l'histoire permet de discerner des vérités immuables comme Dieu, la raison ou la morale. Et la vérité de la philosophie trouve son fondement dans la convergence entre les conclusions de sages comme Zoroastre, Confucius ou Socrate et celles de la Bible. Mais cette convergence n'explique pas la survie du fanatisme* et de l'intolérance. Le *Traité sur la tolérance* ou les articles «Fanatisme» et «Préjugés» du *Dictionnaire* montrent que l'évidence et la raison ne suffisent pas à éliminer l'erreur : «Votre jugement veut-il s'élever contre les préjugés, vos voisins et surtout vos voisines crient à l'impie.»

Dictionnaire philosophique (1764)

DESCRIPTIF

Reprenant un projet né à Berlin auprès de Frédéric II et dirigé contre la Bible et la doctrine chrétienne, Voltaire fait paraître en 1764 le *Dictionnaire philosophique portatif ou la Raison par alphabet*, dont le titre indique que l'auteur veut faire un livre de poche facile à lire grâce à la fragmentation. Les 118 articles du *Portatif* concernent l'esthétique (articles «Beau», «Critique»), la philosophie et la métaphysique (articles «Âme», «Athée», «Dieu», «Philosophie»), la politique et la société (articles «Égalité», «Guerre», «Lois», «Patrie», «Tyrannie»), la superstition et l'intolérance (articles «Christianisme», «Fanatisme», «Inquisition», «Religion», «Superstition», «Tolérance»), les erreurs judiciaires (articles «Certain», «Certitude», «Torture»). Cette histoire critique de la chrétienté souligne les contradictions entre les dogmes et les Évangiles, mais combat l'athéisme* et affirme la nécessité d'un Dieu rémunérateur et vengeur. Elle place en son centre le problème du mal surajouté par l'homme aux fléaux naturels. Voltaire s'affirme dans le Dictionnaire philosophique comme un pamphlétaire de génie, renouvelant la satire, variant la fiction, jouant de l'ironie et recourant à toutes les ressources du pathétique* et du tragique.

Questions sur l'Encyclopédie (1770-1772)

DESCRIPTIF

Entreprenant de refaire à lui seul l'*Encyclopédie*, trop peu hardie à son gré, Voltaire fait paraître de 1770 à 1772, sous forme de dictionnaire, neuf volumes augmentés de nombreuses additions en 1774, dont la portée est beaucoup plus large que celle du *Dictionnaire philosophique* et qui réfutent certaines des thèses de l'*Encyclopédie*. L'ouvrage attaque le pouvoir royal, la politique européenne, Frédéric II,

> la justice, les lois, les impôts, les mœurs, les philosophes anciens et modernes et les adversaires des Lumières. C'est donc la société dans son ensemble qui est mise en cause. Deux thèmes reviennent sans cesse dans des articles qui sont autant de pamphlets écrits par un journaliste de génie : la lutte contre l'Église et l'intolérance ; le combat contre les erreurs judiciaires.

Une désolante contradiction

Quand Voltaire aborde l'organisation de la société, la guerre, le luxe, la patrie, la justice ou la torture, il critique les pratiques françaises ou conteste les théories de philosophes comme Rousseau. Mais en même temps il se réfère à des «fondements immuables» de la justice, du droit ou du gouvernement, indispensables pour assurer le bonheur de l'humanité. Et quand il souligne l'écart entre ce qui est et ce qui devrait être, il pose encore une fois le problème de l'existence de cette désolante contradiction : pourquoi les hommes qui ne sont pas a priori méchants n'ont-ils pas tiré profit des enseignements de Solon ou de Socrate ?

Si l'homme vit dans l'erreur, ce n'est pas seulement parce que la vérité est difficile à dévoiler, c'est parce qu'il a toujours existé des mages et des charlatans exploitant la crédulité d'autrui. Le philosophe, dont l'analyse critique s'étend à tous les domaines de la pensée, éclaire les hommes en leur dévoilant la vérité intelligible par la raison. Mais avoir raison ne constitue nullement une garantie pour le sage. Voltaire accumule les exemples de philosophes persécutés et il interpelle le lecteur («Réfléchissez; étendez cette vérité; tirez vos conséquences») pour l'inviter à développer les idées qui bouleversent les systèmes sociaux ou moraux. Dévoiler la vérité ne suffit pas : encore faut-il que les hommes soient logiques avec eux-mêmes et qu'ils sachent passer de la connaissance à l'action. La philosophie de Voltaire ne propose pas un savoir, mais un comportement.

Guerre et misère

Voltaire, témoin des contradictions de son temps, analyse la situation des hommes et l'état des choses dans l'intention de les transformer empiriquement. Comme ses contemporains, il a dans l'esprit la guerre de Succession d'Autriche – qu'il raconte dans son *Histoire de la guerre de 1741* – et la guerre de Sept Ans, qui inspire *Candide*. L'une et l'autre, observe-t-il dans l'article «Guerre» du *Dictionnaire philosophique*, sont déclenchées par «le caprice de quelques hommes... s'unissant et s'attaquant tour à tour». Voltaire, dépassant la condamnation des atrocités dues à la guerre, qui touchent profondément sa sensibilité, approfondit son analyse à la condamnation de la guerre elle-même, fût-elle préventive.

Au lieu de dépenser pour s'entre-détruire, les peuples devraient réserver leurs forces pour fonder des œuvres de paix. Cultiver les arts comme le propose l'opuscule *Des embellissements de la ville de Cachemire*, ce n'est pas seulement embellir Paris par un urbanisme moderne et de grands travaux d'équipement collectif, mais en même temps assurer du travail et du pain pour tous.

Le cycle de la misère – dont on peut sortir dans la société française du XVIIIe siècle grâce aux investissements et au progrès technique recommandés par l'article «Fertilisation» des *Questions sur l'Encyclopédie* – choque profondément Voltaire. Il édite, sous le titre accrocheur et facétieux de *Testament,* un extrait du *Mémoire de Jean Meslier*, un curé inconnu de ses contemporains, qui lance un appel aux opprimés : «Unissez-vous donc, peuples, unissez-vous, pour vous délivrer de toutes vos misères», et condamne l'inégalité dans un chapitre intitulé «Sixième preuve de la vanité et de la fausseté de la religion chrétienne tirée des abus, des vexations injustes et de la tyrannie des grands qu'elle souffre, qu'elle autorise». À son tour, Voltaire fait ressortir la contradiction entre la reconnaissance du droit naturel à l'égalité et la constation objective de l'inégalité, ce qui au passage le conduit à critiquer le désordre fiscal, manifestation de l'impuissance où se trouve le pouvoir politique d'établir un ordre équitable. Qu'il parle encore de patrie et Voltaire constate que les prolétaires n'ont pas de pays, faute de patrimoine.

En un temps où la noblesse et le clergé possèdent le sol français, affirmer comme le *Dictionnaire philosophique* que «le possesseur d'une terre cultivera beaucoup mieux son héritage qu'un autre», c'est faire preuve d'un grand courage politique.

LA LUTTE CONTRE TOUTES LES INJUSTICES

Profondément marqué par l'affaire Calas, Voltaire dénonce sans trêve les vices et les scandales de la justice. Il lance des campagnes successives contre les erreurs judiciaires, soutenues par une profusion de pamphlets et de libelles. La parution en 1764 du livre *Des délits et des peines* du jurisconsulte italien Beccaria* lui donne l'occasion de rédiger un *Commentaire* qui dénonce les procédures bâclées, l'usage de preuves douteuses et la cruauté des châtiments.

Abordant le problème de la peine de mort, Voltaire écarte cette peine d'abord au nom de l'utilité sociale – tout en soulignant la nécessité absolue d'une peine de substitution –, puis au nom du respect de la vie humaine. Le pamphlet *André Destouches à Siam* lui donne l'occasion de mettre en relief la monstruosité des pratiques judiciaires. Faisant comprendre que le châtiment peut constituer un crime contre l'humanité, il démontre que la torture est une véritable gangrène qui porte condamnation de toute justice.

Avocat, par humanité, de toutes les victimes, Voltaire oublie d'abord l'esclavage dans cette revue des misères humaines qu'offre *Candide*. Il l'ajoute après la lecture d'un texte d'Helvétius et revient longuement sur l'esclavage colonial dans ses *Questions sur l'Encyclopédie*. Puis il entreprend la défense des derniers serfs du Jura contre les bénédictins de Saint-Claude dont ils dépendent, rédigeant une dizaine de requêtes, pamphlets et mémoires pour obtenir l'abolition complète de l'esclavage en France.

Voltaire, qui reproche à l'*Encyclopédie* d'accumuler trop de dissertations, évite lui-même presque toujours ce défaut : il aborde de façon théorique uniquement les thèses qu'il veut critiquer. Une interrogation innocente, une réflexion de bon sens, une rapide conversation lui suffisent pour détruire les plus beaux raisonnements et faire « apparaître la sagesse d'un personnage, qui, participant par la fiction à la condition humaine, pense, réagit et riposte aux divagations des faiseurs de systèmes ». Voltaire crée la vie pour instruire l'homme.

La servitude de l'esprit heurte aussi ce défenseur des droits de l'homme. Voltaire fait donner une leçon de courage intellectuel par un anglais dans les *Dialogues entre A, B, C*. Sa *Lettre à un premier commis*, dès 1733, apparaît comme un manifeste de la liberté d'expression. « Ne rognez pas de si près les ailes de nos écrivains et ne faites pas des volailles de basse-cour de ceux qui, en prenant l'essor, pourraient devenir des aigles. » Attenter contre le droit d'imprimer, c'est commettre un crime que Voltaire ne pardonne jamais à une époque où les libraires sont soumis à une rigueur tout orientale. Pour défendre la liberté de penser, il tire parti de l'édit promulgué en 1757 par la Turquie contre l'imprimerie dans un libelle d'une ironie tonique : *De l'horrible danger de la lecture,* qui résume ses idées sur la culture, l'industrie, l'hygiène, l'histoire, le progrès, la politique et la religion. Toutes ces libertés supposent la tolérance, à laquelle il consacre un traité et pour laquelle, notamment après 1760, il mène une lutte acharnée et désintéressée.

Dialogues philosophiques (1750-1777)

DESCRIPTIF

Les *Dialogues philosophiques* permettent à Voltaire de vulgariser d'une façon vivante et claire toutes ses idées. *Des embellissements de la ville de Cachemire* (1750) montrent qu'une politique éclairée se manifeste d'abord dans l'urbanisme. *Lucrèce et Posidonius* (1756) trace les limites des connaissances humaines. *Le Sauvage et le Bachelier* (1761) passe en revue les questions métaphysiques. *Le Catéchisme de l'honnête homme* (1763) et *La Dîme du comte de Boulainvilliers* (1767) critiquent l'Église et les «absurdités» de la Bible. Deux longs dialogues, les *Dialogues entre A, B, C* (1768) et le *Dialogue d'Evhémère* (1777) offrent un pot-pourri de philosophie. Ces deux sommes, centrées autour de l'organisation de la vie humaine et de l'ignorance en matière de métaphysique*, développent l'idée d'une puissance éternelle et nécessaire, rayonnant dans l'évidence du divin, immense et impassible. Les *Dialogues philosophiques*, qui reprennent une forme pratiquée par Pascal et Fontenelle, appartiennent à la pédagogie militante des Lumières : ils offrent au lecteur l'illusion d'être un arbitre extérieur au texte tout en l'engageant dans le combat idéologique.

L'APOSTOLAT DU THÉISME

Irrité par le problème du mal et tenté de fuir le pessimisme dans l'action, Voltaire accentue sa campagne contre le christianisme à la fin des années 1750 : la pugnacité de *Candide* annonce la longue bataille contre l'infâme, c'est-à-dire l'intolérance fanatique se réclamant du

Christ. Installé à Ferney, il mène l'assaut, variant sa tactique et écrasant l'ennemi de ses arguments et de ses sarcasmes. La documentation rassemblée pour l'*Essai sur les mœurs* sert à illustrer la suite de guerres et de crimes liés à l'histoire de la chrétienté et à souligner les contradictions entre les dogmes et les Évangiles. La production de Voltaire pose alors une énigme : comment le philosophe peut-il écrire tant d'ouvrages de combat, dans tous les genres et d'un style toujours personnel ? Rien qu'en 1764-1765 les libelles pleuvent : ce sont des *Pot-pourri*, des *Conformez-vous au temps*, des *Questions sur les miracles*, des *Mandatements*. À ce déluge s'ajoute le *Dictionnaire philosophique*, massif et léger à la fois. Éditeur d'un livre de d'Alembert, *La Destruction des Jésuites*, Voltaire fait imprimer deux recueils, le premier qui contient l'*Évangile de la Raison*, le *Testament de Meslier*, l'*Examen de la Religion*, le second qui rassemble l'*Analyse de la Religion*, le *Vicaire savoyard*, le *Catéchisme de l'honnête homme*, le *Sermon des Cinquante* et l'*Examen important de Milord Bolingbroke*. La critique ne s'en tient pas aux invraisemblances de la **Bible**, qui font injure à la raison. Ses conclusions accablent la foi en un Dieu incarné et les dogmes institués pour permettre aux courants de l'Église de s'affirmer et de prendre un pouvoir temporel en excommuniant ou en suppliciant leurs adversaires. La satire s'élargit à la religion réformée, à l'Islam, au judaïsme et à toutes les croyances qui engendrent les mêmes crimes : Voltaire refuse définitivement l'installation de toute théocratie nuisible au bonheur des hommes et à l'harmonie de la société.

À une religion artificielle qu'il combat, le philosophe oppose la religion naturelle dont il se fait l'apôtre. Son Dieu n'est pas révélé, mais prouvé : « Il m'est évident qu'il y a un être nécessaire, éternel, suprême, intelligent », affirme l'article « Foi » du *Portatif*. Et Voltaire rappelle dans sa *Première Homélie* la démonstration métaphysique de l'existence de Dieu : « J'existe, donc quelque chose existe de toute éternité », annonçant l'authentification par Kant de l'existence de Dieu et de l'immortalité de l'âme comme postulats de la raison pratique. C'est l'époque où Voltaire lance, avec son génie habituel de la formule, le vers célèbre : « Si Dieu n'existait pas, il faudrait l'inventer » et où il combat l'athéisme* de Diderot, Helvétius ou d'Holbach.

Parfaitement conscient de la nature profonde du fait religieux et vivant depuis dix ans au milieu de paysans peu éclairés, le philosophe pense qu'en ôtant le frein qui retient leurs instincts, on risquerait de ruiner la moralité des âmes simples. Le héros d'une de ces facéties le dit innocemment : « Je veux que mon procureur, mon tailleur, mes valets, ma femme même croient en Dieu ; et je m'imagine que j'en serai moins volé et moins cocu. » Voltaire ressent ainsi la nécessité d'organiser la pratique religieuse dans la société en substituant au christianisme le théisme*, c'est-à-dire une religion naturelle fondée sur l'adoration de l'Être suprême et la morale du bien. Cet apostolat s'inscrit dans la tradition des moralistes qu'admire Voltaire : Confucius, Socrate, Épictète ou Montaigne. Il n'exclut ni l'approfondissement des thèmes philosophiques qui l'intéressent depuis longtemps et avant tout le problème du Mal – dont la Providence, la liberté, la loi naturelle, la nature de l'homme et sa faiblesse ne sont que des aspects – ni un mysticisme* des Lumières*, c'est-à-dire une mystique de la Raison non dépourvue du sens du divin.

Traité sur la tolérance (1763)

RÉSUMÉ

En vingt-cinq chapitres d'une grande diversité de tons et de formes, Voltaire présente une « défense et illustration » de l'idée de tolérance et dresse un réquisitoire contre le fanatisme. Un récit rapide du procès et de la mort de Jean Calas permet une première conclusion sous forme de dilemme : ou bien Jean Calas est coupable du meurtre et il est criminel par fanatisme protestant, ou bien il est innocent et on l'a condamné à tort par fanatisme catholique (I et II). À un plaidoyer en faveur des protestants opprimés (III-V) succède une enquête historique montrant comment l'intolérance religieuse, absurde au plan de la raison, s'est avérée néfaste pour la société (V-XIV). Une seconde partie regroupe les arguments en faveur de la tolérance, prend le ton de l'adjuration oratoire envers les païens et les chrétiens et celui de la requête pressante dans la *Prière à Dieu*, où se dégage le déisme* du philosophe (XV-XXIII). L'écrivain conclut de la révision du procès Calas à une victoire de l'humanité et à un espoir pour l'avenir : « Je sème un grain qui pourra devenir un jour une moisson. »

Le *Traité sur la tolérance* illustre la capacité d'action directe de Voltaire dans la communauté sociale et politique. C'est l'indice d'un nouveau statut de la littérature et des responsabilités nouvelles de l'écrivain.

LE SOUCI D'ETRE PERCUTANT

L'arme des «fusées volantes»

L'arme privilégiée de Voltaire à Ferney, c'est le pamphlet écrit au pied levé ou «fusée volante», inséparable de la pensée d'un homme en perpétuelle alerte. «La feuille impromptue, constate Raymond Naves, fait partie de sa vie quotidienne, d'où elle ne fait qu'un saut chez l'imprimeur, puis dans les ballots du colportage clandestin. À l'abri sous des pseudonymes amusants et des déguisements multiples, Voltaire sème le rire et ses idées.»

Les pamphlets d'action immédiate sont souvent orientés autour des erreurs judiciaires : *Requête au Roi* (1762) pour Calas, *La Méprise d'Arras* (1771) pour Montbailli, le *Cri du sang innocent* (1775) pour La Barre. Parmi les pamphlets antireligieux, la *Relation de la maladie du jésuite Berthier* (1759) offre une satire burlesque des Jésuites; le *Sermon des Cinquante* (1761) justifie la religion naturelle contre le dogme chrétien; les *Questions de Zapata* (1767) et l'*Instruction à Frère Pédiculoso* (1769) dressent un bilan des contradictions de l'Église et des «impossibilités» de la Bible; les *Anecdotes sur Bélisaire* (1767) ridiculisent le parti dévot et la Sorbonne, et la *Canonisation de saint-Cucufin* (1769) illustre l'opposition de la religion catholique au progrès technique et social. La liberté de penser ou d'écrire inspire la *Défense de mon oncle* (1764) qui revendique les droits de la critique historique, comme elle inspire les *Colimaçons du R.P. l'Escarbotier* (1768) qui justifient l'indépendance de la biologie et *De l'horrible danger de la lecture* (1765) qui démontre l'absurdité de tout pouvoir fanatique interdisant à ses sujets de s'instruire.

L'efficacité du style

Les œuvres philosophiques de combat créent leur propre modèle. Maîtrisant parfaitement la technique du conte, Voltaire multiplie les fictions, développant un récit dans la *Relation de la maladie du jésuite Berthier* ou la *Canonisation de saint-Cucufin*, et plus souvent dessinant un croquis animé qui impose sa logique et sa loi. Il fait dialoguer un chapon et une poularde, un brahmane et un jésuite, un sauvage et un bachelier.

Chaque sujet est présenté librement : dans le *Dictionnaire philosophique*, l'auteur s'adresse au Job de la Bible, fait parler les crapauds, use du monologue pour railler les docteurs, imagine une conversation entre un bacha et son jardinier, transporte le lecteur en Chine, au Japon, se demande gravement comment inventer en Laponie une religion universelle dont le Dieu incarné compare le sang à du vin rouge et la chair à du pain de froment.

Dans la suite de tableaux offerte par le *Dictionnaire philosophique*, les *Questions sur l'Encyclopédie* ou les pamphlets, le narrateur cherche la connivence par le recours à l'ironie, cette manière de railler qui consiste à dire le contraire de ce qu'on veut faire entendre. Voltaire a le secret de phrases complexes offrant une démonstration par l'absurde. Parlant des abbés, il écrit : « Les pauvres pères spirituels ont eu depuis deux cents ans quatre cent mille livres de rentes » ; à propos d'esthétique : « Interrogez le diable : il vous dira que le beau est une paire de cornes, quatre griffes et une queue » ; ou bien, évoquant les gens brûlés par l'Inquisition, il propose une image pascalienne de la condition humaine dans le destin d'une poularde servie à table : « On loue nos cuisses, nos bras, notre croupion ; et voilà notre histoire dans ce bas-monde finie pour jamais. » L'ironie invite à revenir s'interroger sur un problème : Voltaire l'utilise pour faire sentir l'insuffisance de la raison à un théologien : « Veux-tu savoir comment ton bras et ton pied obéissent à ta volonté et comment ton foie n'y obéit pas ? » Les liens réunissant divers articles du *Portatif* augmentent cette portée de l'ironie. Quiconque a lu la dénonciation par l'absurde du comportement du clergé à l'article « Abbé » acceptera plus volontiers les idées révolutionnaires proposées par un jurisconsulte dans l'article « Lois civiles et ecclésiastiques ».

Voltaire sait aussi se souvenir qu'il est un auteur tragique. Dans le *Traité sur la tolérance*, il ménage soigneusement les catastrophes, dose à grand soin la terreur et la pitié pour faire partager l'horreur et la colère devant ce fléau des temps chrétiens qu'est l'intolérance. La *Prière à Dieu*, grandiose, solennelle et dépouillée, réunit tout ce qui fait la grandeur d'un texte oratoire (ampleur et longueur de phrases rythmées, reprises de structures syntaxiques, récurrences en écho, antithèses) pour faire appel à la générosité, à la compréhension et à la protection de la divinité. Ce registre oratoire, Voltaire l'utilise dans l'article « Guerre » du *Portatif* où la satire prend le ton du réquisitoire pour dénoncer la complicité des Princes de l'Église.

L'image vient à la rescousse de la démonstration et prend une valeur « philosophique » : « Je ne connais aucun conquérant qui soit venu l'épée dans une main et un code dans l'autre. » L'image ou la comparaison se substituent ainsi chez Voltaire à l'abstraction et s'intègrent dans la malice volontaire d'un article ou d'un pamphlet. «Variété, c'est ma devise», écrit Voltaire à Mme du Deffand. Et il associe la bouffonnerie, le burlesque, la caricature, la parodie au dépaysement pour faire ressortir les faiblesses de l'adversaire en lançant un clin d'œil au lecteur. C'est de cette façon que le libelle *De l'horrible danger de la lecture* préfigure le scénario moderne de l'arroseur arrosé : le stupide Joussouf Chéribi réussit à condamner, en oscillant de l'absurde à la loufoquerie, la cause qu'il défend. Le style de Voltaire correspond en effet à sa forme d'esprit : simple et bref, rapide et léger, il rend agréable la lecture d'articles ou de pamphlets qui conduisent à s'interroger sur tous les problèmes de la condition humaine.

L'ÉPISTOLIER

Il nous est parvenu plus de vingt milles lettres de Voltaire. Leur recueil, commencé par les contemporains de l'auteur, s'accroît à mesure des découvertes et regroupe seulement une petite partie de celles qui ont été écrites : on ne connaît rien par exemple des lettres échangées avec Mme du Châtelet*. L'augmentation de cette correspondance à partir des années 1750 est proportionnelle sans doute à l'extension régulière des relations et des activités de Voltaire, à sa célébrité croissante aussi qui a de plus en plus incité les destinataires à conserver les originaux et à en faire faire des copies pour leurs amis.

UNE DIVERSITÉ EXCEPTIONNELLE

Cette correspondance, dont le volume triomphe de toutes les comparaisons, s'adresse à plus de sept cents destinataires, en tête desquels viennent les amis de Voltaire : le comte et la comtesse d'Argental*, ses confidents quotidiens de toute une vie, avec près de mille deux cents lettres, l'imprimeur genevois Cramer, avec près de neuf cents lettres ou billets, son agent de liaison parisien pour les œuvres clandestines, Damilaville* et le fidèle «trompette» de la production officielle, Thiriot* avec cinq cents lettres chacun, puis son «disciple émancipé», Frédéric II*, et l'influent encyclopédiste d'Alembert.

Les relations épistolaires se nouent aussi avec des parents, et au premier rang la nièce chérie, Mme Denis*, des souverains comme Catherine II, le pape Benoît XIV, des princes, des ministres comme d'Argenson*, Choiseul et Turgot, des femmes du monde comme Mme du Deffand, des grands seigneurs comme le Maréchal de Richelieu*, des pasteurs suisses, des cardinaux, des écrivains comme Vauvenargues, Diderot et Condorcet, des banquiers, des juristes comme l'Italien Beccaria*, des avocats, des magistrats ou des médecins. Déployées dans l'espace en France, en Angleterre, en Allemagne, en Russie, en Italie ou en Suède, elles varient dans le temps : avec d'Argental*, Thiriot ou Richelieu, elles durent toute la vie; avec d'autres elles sont plus ponctuelles, malgré la fidélité de Voltaire, car l'écrivain est accaparé par la multiplicité de ses activités.

LE MIROIR D'UN HOMME

Plus séduisant encore que cette plongée dans le siècle apparaît le feuilleton d'une vie quotidienne où les préoccupations sont liées aux circonstances et à un tempérament passionné. On voit se cristalliser les formules-scies de Voltaire comme le cri de ralliement des philosophes contre le fanatisme* : «Écrasez l'Infâme.» On constate les hésitations du philosophe, d'abord hostile aux Calas, puis intrigué par l'affaire, en quête d'informations précises et enfin engagé à fond dans la défense de la famille persécutée. D'une lettre à l'autre, la tragédie *Adélaïde du Guesclin* se métamorphose, le *Dictionnaire philosophique* s'ébauche, *Candide* germe, les *Questions sur l'Encyclopédie* naissent et se développent.

Homme universel, Voltaire s'intéresse à tout. Sa passion pour le théâtre lui fait créer ses pièces avec un enthousiasme qu'il transmet à son ami d'Argental, en préciser les costumes, les décors ou la mise en scène, et souvent les jouer lui-même. Il écrit une multitude d'ouvrages, travaillant encore quinze heures par jour à soixante-quinze ans et passant plusieurs nuits à terminer une tragédie ou un traité. Au fil de ses lettres, on le voit prendre parti sur tout, indiquer à un avocat comment constituer un mémoire efficace, prôner l'inoculation, trancher sur l'économie, la physique ou l'urbanisme.

Ses lettres montrent encore que Voltaire ne se contente pas de phrases, mais intervient constamment en homme d'action. Après avoir «fait l'architecte et le jardinier», en 1734, à Cirey pour Mme du Châtelet, il adresse à son secrétaire Collini des instructions minutieuses pour les travaux et l'ameublement des Délices. De Ferney, il décrit à ses correspondants les transformations et les agrandissements qu'il fait effectuer dans sa maison, vante les méthodes qu'il pratique pour faire évoluer l'agriculture, raconte sa création d'une manufacture à bas de soie et son patronage d'une fabrique de montres. Le voilà bientôt publicitaire et vendeur par correspondance. Fier d'avoir enrichi le pays de Gex, il souligne son rôle de seigneur rendant la justice ou annonce à toute la France qu'il dote et marie chez lui une nièce de Corneille.

UNE PERSONNALITÉ COMPLEXE

Ces activités nombreuses et diverses sont les manifestations « d'une personnalité et d'une vie que la correspondance permet, observe Jacqueline Hellegouarc'h, de sentir palpiter dans leur multiplicité, leur complexité, voire leurs contradictions ». On voit par exemple se nouer des liens épistolaires chaleureux d'affaires et d'amitié, Voltaire associant volontiers l'une et les autres. Si ces correspondances cessent, l'interruption est due à la mort prématurée du partenaire, tel l'irremplaçable Damilaville dont la disparition laisse longtemps Voltaire désemparé. Seule la jalousie amoureuse peut espacer un échange amical de quarante ans avec Cideville*, ou, jointe à l'éloignement physique, estomper les relations avec la comtesse de Bentinck.*

Voltaire apparaît plus versatile dans ses préoccupations : une tragédie, une polémique, une instance judiciaire, une activité nouvelle semblent pour lui vitales et il centre sa correspondance sur elles, puis elles cèdent la place à une autre, changement qu'explique l'exceptionnel dynamisme de l'écrivain. La correspondance découvre de telles oscillations dans son comportement. Une lettre à d'Argental* exhale l'enthousiasme pour sa dernière tragédie, une entreprise réussie ou le bonheur à Ferney ; la lettre suivante exprime l'abattement (« Je suis dégoûté... D'ordinaire la vieillesse est triste ; mais la vieillesse des gens de lettres est la plus sotte chose qu'il y ait au monde ») : il a suffi d'une édition-pirate ou d'un pamphlet pour que Voltaire sombre dans le désespoir.

Profondément constant dans ses affections, il aime ses amis et le leur écrit, comme à ses « Anges » d'Argental ou à Damilaville. Au Maréchal de Richelieu* qui le critique pour ses relations avec d'Argental ou à d'Alembert qui lui reproche son indulgence pour Richelieu, il allègue une amitié de quarante ans qu'il ne veut pas briser. Même quand Mme du Deffand soutient Palissot* ou Fréron* contre les philosophes, il continue à la traiter en amie. C'est que Voltaire n'échappe pas aux contradictions qu'il relève dans l'humanité : quand il justifie à tout prix la politique de Catherine II, il est guidé par la fascination qu'exerce sur lui le génie et la conviction que le progrès des Lumières passe par le despotisme éclairé*. Et ses relations épistolaires avec Frédéric II, malgré de cruelles déceptions, s'inscrivent dans un projet existentiel : elles sont chargées d'assurer une continuité affective en réparant les épreuves et les désastres du passé.

NATUREL ET TACTIQUE

Les réactions idéologiques ou personnelles de Voltaire s'expriment enfin au jour le jour dans sa correspondance avec une spontanéité qui touche ses destinataires. « Ce qu'il y a de plus affreux, c'est que les philosophes ne sont point unis et que les persécuteurs le seront toujours », écrit-il en 1776 à Diderot, « Frère Platon » à qui dix ans plus tôt il reprochait de ne pas vouloir s'installer à Clèves pour y continuer l'*Encyclopédie* à l'abri : « Vous quitteriez l'esclavage pour la liberté. Je ne vois pas comment un cœur sensible et un esprit juste peut habiter le pays des singes (c'est-à-dire les dévots) devenus des tigres (avec le supplice du chevalier de La Barre) ». Ses meilleurs amis sont d'autant moins épargnés qu'ils l'ont déçu. Il se laisse aller à la colère contre ses « chers anges », les d'Argental, puis leur présente des excuses dans sa lettre suivante.

La spontanéité n'exclut ni la diplomatie ni la stratégie. À Frédéric II, Voltaire écrit en vers ce qu'il n'ose demander en prose. Il obtient tout ce qu'il veut de Richelieu en flattant son orgueil de grand seigneur. Ses talents de stratège le conduisent même à utiliser sa correspondance pour désavouer ses œuvres. Quand, en 1764, d'Alembert lui demande un exemplaire de son *Dictionnaire philosophique*, il lui répond : « Soyez sûr que, si je peux le déterrer, vous en aurez votre provision. Heureusement je n'ai nulle part à ce vilain ouvrage, j'en serais fâché, je suis l'innocence même. » Ou bien il s'indigne qu'on lui attribue le *Testament du Curé Meslier*, en oubliant de dire qu'il s'agit de l'*Extrait du Testament* rédigé par lui-même !

C'est toujours la prudence qui conduit Voltaire à désigner les noms et les choses en les codant. Quand il s'agit d'organiser l'entrée clandestine de *La Henriade* dans l'équipage de la marquise de Bernières*, il parle à sa correspondante du « marmouset » dont il faut limiter le nombre d'habits, c'est-à-dire d'exemplaires reliés. Les libelles dont il parle à ses amis sont des « rubans » et quand il rêve de créer une imprimerie libre dans les États de Frédéric II, il propose la fondation d'une manufacture sous la direction de « Tonpla », anagramme de Platon, nom sous lequel il désigne Diderot. D'Alembert devient Bertrand et lui-même Raton, dont les vieilles pattes courent le risque d'être brûlées pour leurs écrits séditieux. Toute cette partie de la correspondance est calculée pour solidariser ses destinataires – par la pression d'une écriture masquée et en clin d'œil – avec l'esprit des Lumières et le combat philosophique.

DE L'HISTOIRE IMMÉDIATE

Roman ininterrompu, journal vécu, chronique mondaine, modèle de savoir-vivre ou éditorial philosophique, la correspondance de Voltaire commence à susciter aujourd'hui un regard nouveau : on y découvre, au-delà d'une illustration de l'œuvre, une œuvre de langage répondant à un projet, même si Voltaire paraît se mouvoir de préférence dans les causalités courtes. Et l'histoire vécue devient dès lors une œuvre, l'association entre une aventure et une fête de l'intelligence.

Chaque époque est d'ailleurs liée aux préoccupations dominantes de Voltaire, qui prennent parfois un caractère obsessionnel. On pourrait regrouper les lettres en ensembles autour d'un titre ou d'une «affaire» : les *Lettres philosophiques*, l'affaire Maupertuis, l'*Histoire universelle*, *Candide*, l'affaire Calas, l'affaire La Barre, le mariage de la nièce de Corneille... Voltaire en parle dans toutes ses lettres : le discours de la communication est traversé par une visée d'influence et met en jeu toutes les relations de l'écrivain, ses amis, ses protégés et ses protecteurs. Puis d'autres événements entraînent l'auteur à de nouveaux combats.

Voltaire n'écrit jamais de lettre «pour écrire». Il lui faut un sujet : avec les d'Argental, Mlle Clairon* ou Lekain*, il parle de ses tragédies ; avec Damilaville ou d'Alembert, il est question de lutte contre le fanatisme ; avec Mme du Deffand, il allie le badinage mondain et les considérations sur la vie, le bonheur et l'ennui ; avec Catherine II, il s'intéresse au progrès de la philosophie dans «le Nord».

Mais le même sujet revêt des tonalités différentes selon les correspondants, leur caractère et leur situation. Le décès de d'Argenson en 1764 entraîne des plaisanteries sur la mort dans une lettre à leur commun condisciple Richelieu et un ton grave et affligé dans une lettre à Mme du Deffand. Révérencieux avec Catherine II, l'épistolier n'hésite pas à dire des vérités cruelles à Frédéric II. Cette correspondance d'une infinie variété offre toujours ainsi un ton personnalisé.

Lettres à Frédéric II

DESCRIPTIF

Voltaire et Frédéric II ont échangé plus de huit cent cinquante lettres. Leurs relations débutent par une communication écrite empreinte d'une flatteuse idéalisation mutuelle. Une visite de Voltaire à Berlin en 1740, puis une rencontre à Aix-la-Chapelle apprennent à l'écrivain que Frédéric, devenu souverain, agit souvent en disciple de Machiavel plus qu'en «philosophe couronné». Il cède pourtant en 1750, après la mort de Mme du Châtelet, aux instances du roi de Prusse soucieux de se forger une image de marque philosophique auprès de l'opinion européenne.

La vie commune à Berlin entre «Trajan et Marc-Aurèle» s'avère rapidement difficile : tous deux font assaut de pamphlets et de taquineries perfides. Voltaire se décide à partir («Je vois bien qu'on a pressé l'orange, il faut penser à sauver l'écorce»). Frédéric le fait séquestrer un mois à Francfort, jusqu'à ce qu'il restitue les poésies du roi. Le philosophe ressent alors douloureusement le poids d'un despotisme moins éclairé que rancunier.

Progressivement les relations reprennent. La guerre de Sept Ans offre à Voltaire le plaisir de réconforter son ancien persécuteur : «Je jouis avec lui de la plus douce des vengeances. Je suis occupé depuis deux mois à le consoler.» Dans un brillant dernier acte, Voltaire et Frédéric II – dont la correspondance représente, après celle de Voltaire, le monument épistolaire le plus important de l'époque – orchestrent dans leurs lettres de 1769 à 1778 le dialogue des deux vivants les plus illustres de leur siècle.

LE TÉMOIN DE SON SIÈCLE

La chronique d'une époque

Écrites à presque tous ceux qui jouent un rôle en France ou à l'étranger, les lettres de Voltaire font participer durant une période de soixante ans à la vie du XVIIIe siècle telle que la perçoit un homme passionné, sensible et doté d'une intelligence alerte et lumineuse.

L'invasion de la Silésie par Frédéric II, le tremblement de terre de Lisbonne, le renversement des alliances en Europe, la victoire de son «héros» Richelieu à Minorque, tous les événements marquants du temps défilent dans la correspondance de Voltaire. L'écrivain y apparaît bouleversé par les ravages que répand la guerre de Sept Ans. Tandis qu'une de ses plus fidèles correspondantes, la duchesse de Saxe-Gotha, voit avec horreur ses États envahis par les Prussiens, puis les Français, Frédéric II essuie en 1757 plusieurs graves défaites successives et écrit à Voltaire qu'il préfère le trépas à la honte et envisage le suicide. C'est pour Voltaire la revanche de l'humiliation de Francfort et il s'entremet secrètement entre le gouvernement français et le roi de Prusse. Plus tard, on voit le philosophe admettre les justifications que lui donne Catherine II de son occupation de la Pologne – lutter contre l'intolérance – et de sa guerre contre les Turcs – une croisade contre le fanatisme.

En France les changements de gouvernement influencent la vie de l'écrivain. Il raconte comment il est exilé et fêté sous la Régence, affecté par la disgrâce de Choiseul, enthousiasmé par la politique de Turgot : «Vous avez gouverné environ vingt mois. Ces vingt mois seront une époque éternelle. » On apprend en le lisant les expédients auxquels est réduit le gouvernement aux abois : fonte de la vaisselle d'argent, confiscation des rentes; on découvre aussi le fonctionnement de la justice à travers les procès de toutes les victimes des persécutions qu'il prend en charge.

L'actualité des Lumières

L'actualité littéraire est scandée par la sensibilité de Voltaire aux succès et aux échecs des écrivains : les triomphes de son rival Crébillon, la carrière difficile de Marmontel, les interdictions de l'*Encyclopédie*, les débuts de Beaumarchais. Une évolution se traduit dans les lettres de l'auteur du *Temple du goût* : il s'y montre sensible à la montée des pièces larmoyantes, à la mode de l'opéra-comique, au triomphe de Glück. Et avec lui on pénètre dans les coulisses de la Comédie-Française. Les actrices en appellent de loin à son arbitrage, d'Argental s'efforce de régler la mise en scène de ses tragédies et on se réunit chez lui ou chez Mlle Clairon pour parler de la dernière pièce de Voltaire.

Les lettres témoignent même de leur propre fonctionnement : Voltaire reçoit des nouvelles d'un correspondant alors même qu'il lui écrit et modifie une opinion dans un post-scriptum. On y découvre les délais de la poste : en 1775 Voltaire répond le 15 février à une lettre de Frédéric II datée du 27 janvier. On y constate même que, selon la voie utilisée – poste ou voyageur de passage mettant à l'abri de la censure – le style et le contenu des envois varient.

On pourrait aussi écrire une histoire des Lumières* à travers cette correspondance : Voltaire se réjouit de voir les Jésuites chassés de France et d'Europe, mais déplore que leur départ renforce le poids des jansénistes* à Paris. Ses inlassables démarches épistolaires contribuent à la réhabilitation des victimes du fanatisme, Calas, Sirven. On le voit préconiser d'écraser «l'infâme», c'est-à-dire le catholicisme, mais ce déiste* redoute le matérialisme* et l'athéisme* : il s'indigne de voir le traité *De l'esprit* condamné au feu en 1758, mais conteste certaines idées d'Helvétius. Et, après la démission de Turgot et de Malesherbes, il conseille à Diderot une attitude de repli : «J'apprends que vous ne communiquez dans Paris qu'à des esprits dignes de vous connaître : c'est le seul moyen d'échapper à la rage des fanatiques et des fripons. Vivez longtemps, Monsieur, et puissiez-vous porter des coups mortels au monstre dont je n'ai que tordu les oreilles.»

Voltaire à la Bastille.
Gravure de Deveria et Fauchay.

Conclusion

Par quelque domaine que l'on aborde la littérature du XVIIIe siècle, on rencontre nécessairement l'œuvre et la personnalité de Voltaire. Il joue un rôle déterminant dans la définition du goût, rénove la tragédie, domine la poésie, modernise l'histoire, élabore et diffuse la pensée rationaliste, propose le despotisme éclairé, invente le conte et traduit dans sa correspondance l'aventure intellectuelle de son temps.

Combattant suprême des libertés de pensée, d'expression, du commerce, apôtre de la tolérance, défenseur des victimes, Voltaire est parfois méconnu, tant son esprit libre refuse de s'enfermer dans un système. Si l'assimilation, d'ailleurs un peu limitative et dépassée, entre «le siècle de Voltaire» et «le siècle des Lumières» rend sa personnalité inactuelle à certains de nos contemporains, c'est, observe Henri Conlet, parce que «nous ne pouvons égaler sa prodigieuse puissance de refus et de dérision en face de tout ce qui aliène ou mystifie les hommes».

Malgré les traverses et les accidents, sa vie a été constamment dirigée par sa volonté. Il a construit son œuvre à travers l'exil, la prison, le désespoir, l'angoisse, les calomnies et les haines, risquant sans jamais hésiter sa réputation et sa sécurité. Et cette œuvre reste une référence. En 1944, célébrant le deux-cent-cinquantième anniversaire de la naissance de l'écrivain, Paul Valéry regrettait l'absence d'un Voltaire dont la voix dominerait le fracas des explosions ou la Babel des propagandes. Voltaire est né voici trois siècles et la montée du fanatisme religieux, le conformisme idéologique, le totalitarisme politique, la banalisation de la violence nous rappellent que, si la mitraillette et la prison ont remplacé les bûchers, les Calas sont encore de notre temps.

Voltaire s'entretenant avec les paysans de Ferney.

Groupements thématiques

ANNEXES

GROUPEMENTS DE TEXTES

La critique de la société

1. Le combat contre l'intolérance
   « Le Souper », *Zadig*, XII
   Relation de la maladie du jésuite Berthier
   « Prière à Dieu », *Traité sur la tolérance*, XXIII
   « Guerre », *Dictionnaire philosophique*
   L'Ingénu, XVI

2. La revendication de la liberté
   « Sur la considération qu'on doit aux gens de lettres », *Lettres philosophiques*, XXIII
   De l'horrible danger de la lecture
   « Blé », *Questions sur l'Encyclopédie*

3. Le procès de la justice
   « La condamnation des Calas », *Traité sur la tolérance*, I
   Lettre à Damilaville du 1er mars 1765
   Lettre à d'Argental du 16 juillet 1766
   Commentaire sur le Livre des Délits et des peines, X
   André Destouches à Siam
   « Torture », *Dictionnaire philosophique*
   « Certain », « Certitude », *Questions sur l'Encyclopédie*

4. La critique de l'inégalité
   Mémoire des pensées et des sentiments de Jean Meslier
   « Égalité », *Dictionnaire philosophique*
   Extrait d'un Mémoire pour l'entière abolition de la servitude en France
   Scarmentado

5. La guerre, une barbarie
   Micromégas
   Babouc ou le Monde comme il va
   Candide, III et XX
   «Guerre», *Dictionnaire philosophique*

6. Un idéal : le régime anglais
   Lettres philosophiques

Le bien et le mal

1. La recherche du bonheur
   «L'anti-Pascal», *Lettres philosophiques*, XXV
   Le Mondain

2. La condamnation de l'optimisme
   Zadig
   Essai sur les mœurs, CXCVII
   Poème sur le désastre de Lisbonne
   Candide
   «Guerre», *Dictionnaire philosophique*
   «Torture», *Dictionnaire philosophique*

3. Un pessimisme actif et viril n'excluant pas le plaisir
   «Liberté, providence et destinée», *Zadig*, XVIII
   «Contentons-nous des biens qui nous sont destinés», *Discours sur l'homme*
   «Le jardin de Candide», *Candide*, XXX
   Lettre à Mme du Deffand du 24 mai 1764
   Lettre à Damilaville du 1er mars 1765
   Lettre au cardinal de Bernis du 22 décembre 1766
   Épître à Horace

GROUPEMENTS DE CITATIONS

La métaphysique

1. La condamnation des systèmes

« Micromégas leur promit de leur faire un beau livre de philosophie, écrit fort menu pour leur usage, et que dans ce livre ils verraient le bout des choses. Effectivement il leur donna ce volume avant son départ : on le porta à Paris, à l'Académie des Sciences, mais, quand le vieux secrétaire l'eut ouvert, il ne vit rien qu'un livre tout blanc. »

Micromégas.

2. Vanité de la métaphysique

« Toute la métaphysique à mon gré contient deux choses, la première ce que les hommes savent, la seconde ce qu'ils ne sauront jamais. »

Lettre du 5 avril 1737.

« Toute certitude qui n'est pas démonstration mathématique n'est qu'une extrême probabilité. »

« Histoire », *Dictionnaire philosophique.*

« J'ai interrogé ma raison ; je lui ai demandé ce qu'elle est : cette question l'a toujours confondue. »

Le Philosophe ignorant.

3. Une seule attitude raisonnable

« "Que faut-il donc faire ? dit Pangloss

– Te taire, dit le derviche

– Je me flattais, dit Pangloss, de raisonner un peu avec vous des effets et des causes, du meilleur des mondes possibles, de l'origine du mal, de la nature de l'âme et de l'harmonie préétablie."

Le derviche, à ces mots, leur ferma la porte. »

Candide, XXX

« Travaillons sans raisonner. »

Candide, XXX.

La religion

1. L'existence de Dieu

« Le divin architecte qui a bâti cet univers n'a pas encore, que je sache, dit son secret à aucun de nous. »

Lettre à Frédéric II du 26 août 1736.

« Si Dieu n'existait pas, il faudrait l'inventer. »

Épître à l'auteur du Livre des trois imposteurs.

« Il est nécessaire... que l'idée d'un Être suprême, créateur, gouverneur, rémunérateur et vengeur soit profondément gravée dans les esprits. »

« Athée », I, *Dictionnaire philosophique*

2. Le danger de l'athéisme

« Je crois l'athéisme aussi pernicieux que la superstition. »

Lettre à Mme Denis du 12 mars 1769.

« L'athée pauvre et violent, sûr de l'impunité, sera un sot s'il ne vous assassine pas pour voler votre argent. »

Histoire de Jenni.

3. L'infâme (le fanatisme)

« Moins de dogmes, moins de disputes ; moins de disputes, moins de malheurs. »

Traité sur la tolérance, XXI.

« Que répondre à un homme qui vous dit qu'il aime mieux obéir à Dieu qu'aux hommes et qui, en conséquence, est sûr de mériter le ciel en vous égorgeant. »

« Fanatisme », *Dictionnaire philosophique*.

« Je sais avec quelle fureur le fanatisme s'élève contre la philosophie. Elle a deux filles qu'il voudrait faire périr comme Calas, ce sont la Vérité et la Tolérance, tandis que la philosophie ne veut que désarmer les enfants du fanatisme, le Mensonge et la Persécution. »

Lettre à Damilaville du 1er mars 1765.

4. La défense de la tolérance

« Qu'est-ce que la tolérance ? C'est l'apanage de l'humanité. Nous sommes tous pétris de faiblesse et d'erreurs ; pardonnons-nous réciproquement nos sottises, c'est la première loi de la nature. »

« Tolérance », *Dictionnaire philosophique*.

5. Le théisme

« Vis comme en mourant tu voudrais avoir vécu ; traite ton prochain comme tu veux qu'il te traite. »

« Catéchisme chinois », *Dictionnaire philosophique*.

« Adore et sois juste. »

Profession de foi des théistes.

« Candide... voulut savoir comment on priait Dieu dans l'Eldorado. Nous ne le prions point, dit le bon et respectable sage ; nous n'avons rien à lui demander, il nous a donné ce qu'il nous faut ; nous le remercions sans cesse. »

Candide, XVIII.

Une morale de l'action

« Le travail éloigne de nous trois grands maux, l'ennui, le vice et le besoin. »

« Travaillons sans raisonner. »

« Il faut cultiver notre jardin. »

Candide, XXX.

« Si les imbéciles veulent encore du gland, laisse-les en manger ; mais trouve bon qu'on leur présente du pain. »

« Blé », *Questions sur l'Encyclopédie*.

« Le vrai philosophe défriche les champs incultes, augmente le nombre des charrues, et par conséquent des habitants ; occupe le pauvre et l'enrichit, encourage les mariages, établit l'orphelin, ne murmure point contre des impôts nécessaires, et met le cultivateur en état de les payer avec allégresse. Il n'attend rien des hommes, et il leur fait tout le bien dont il est capable. Il a l'hypocrite en horreur, mais il plaint le superstitieux ; enfin il sait être ami. »

Lettre à Damilaville du 1er mars 1765.

Anthologie critique

Un écrivain heureux

« Qu'avons-nous de commun, aujourd'hui, avec Voltaire ? D'un point de vue moderne, sa philosophie est démodée. Il est possible de croire à la fixité des essences et au désordre de l'histoire, mais ce n'est plus de la même façon que Voltaire. En tout cas, les athées ne se jettent plus aux pieds des déistes, qui n'existent d'ailleurs plus. La dialectique a tué le manichéisme, et l'on discute rarement de la Providence. [...]

En somme, ce qui nous sépare peut-être de Voltaire, c'est qu'il fut un écrivain heureux. Nul mieux que lui n'a donné au combat de la Raison l'allure d'une fête. »

Roland Barthes, *Essais critiques*,
Le dernier des écrivains heureux, Seuil, 1964, p. 99.

Une forme d'héroïsme

« Voltaire est un grand écrivain parce qu'il répond – plus ou moins bien, mais enfin il répond – à l'ensemble des questions que se pose le lecteur de son temps ; et encore souvent, le lecteur de notre temps. Le P. Nonotte et beaucoup d'autres ont dénoncé "les erreurs de Voltaire" : erreurs de fait, erreurs d'interprétation, illusions politiques, injustice pour ses adversaires, tout cela n'empêche pas une honnêteté profonde. Il a regardé son monde en face. C'est sans doute cette forme d'héroïsme que salua Paris quand enfin, après vingt-huit années, le vieillard vint s'y faire acclamer. Il était d'un autre temps, lui qui avait connu Chaulieu et Ninon de Lenclos. Mais comme il était de ce temps-là, le défenseur des Calas ! Malgré son goût du faste, des établissements, du bonheur, et son goût tout court, il n'a pas détourné le regard des guerres, des injustices, des crimes, des erreurs admises ; malgré son goût des ordonnances classiques, il a ouvert les yeux sur le chaos. Certes, il s'est, dans sa vie, bien souvent dérobé par des finesses diplomatiques. Mais son œuvre ne se dérobe pas : elle embrasse toute la crise qui a secoué le XVIIIe siècle ; si elle ne la résout pas, elle la vit : c'est beaucoup déjà. »

Sylvain Menant, *Littérature française*, VI,
Arthaud, 1984, p. 304.

Un tempérament ludique

« Chez l'auteur, où s'arrête le jeu ? On se demanderait presque parfois jusqu'à quel point il faut le prendre au sérieux. Il s'indigne sincèrement certes contre le fanatisme, contre l'injustice, qu'il en soit victime ou non ; mais pour tuer plus sûrement l'adversaire il faut faire rire à ses dépens, et ce faisant il s'amuse lui-même, il clame sa joie à d'Alembert à qui il a préconisé cette méthode : la polémique est devenue un jeu. Il est certes peiné par la mort de d'Argenson, révolté par la condamnation de l'amiral Byng, bouleversé par le tremblement de terre de Lisbonne… ; mais l'esprit reprend vite le dessus, vite il plaisante en jouant avec les mots : les catastrophes mêmes peuvent fournir des sujets à son tempérament ludique. »

Jacqueline Hellegouarc'h, *Voltaire, Correspondance choisie,*
Livre de Poche, 1990, p. XXXIII.

Une expérience vécue et transposée

« Pour la première fois avec *Memnon,* le héros d'un conte voltairien est représenté dans un état d'infériorité absolue, et irrémédiable, par rapport au monde. *Memnon* est le premier conte de la défaillance du sage. Il inaugure chez Voltaire le chemin d'une longue "passion".

Quelques années plus tard, Voltaire se livre à nous de nouveau sous les traits désolants de *Scarmentado.* Il a quitté Berlin précipitamment, subi l'humiliation de Francfort. Le seul problème qui se pose alors à lui est de savoir comment échapper aux tracasseries des hommes. Errant désespérément à la recherche d'un gîte sûr, le jeune natif de Candie, dans sa longue errance, ne trouve à chaque fois son salut que dans la fuite.

Ainsi encore errera Candide, chassé par le destin du plus beau château et du meilleur des mondes possibles. Les paradis sont faits pour être perdus : celui de Westphalie, où florissaient l'amour de Cunégonde et la philosophie de Pangloss, comme celui de Cirey, où régnaient en la personne d'Émilie la philosophie et l'amour. En face de ces mirages évanouis, la vie des hommes apparaît comme une gesticulation absurde sur un fond d'horreur. Candide, c'est Voltaire dans les années qui ont suivi le désastre de Lisbonne, en proie à son désastre intérieur au moment où il sent que tous les fondements viennent à manquer sous ses pieds et se méprise en tant que philosophe. Pourtant, une parcelle d'optimisme est préservée : à l'acharnement du destin, qui a causé l'aveuglement et la misère de la créature, doit répondre l'acharnement du labeur humain. Le "jardin" de Ferney, qui représente quand même un "fonds" solide, remplacera Cirey, et Mme Denis la belle et savante Émilie. *Candide,* c'est donc Voltaire lançant un défi à l'absurde, et recourant, pour subsister, à des consolations qui peuvent paraître dérisoires, mais à travers lesquelles l'idéal, tant bien que mal, parvient à se réconcilier avec l'existence. »

Jacques Van den Heuvel, *Voltaire dans ses Contes,*
Colin, 1967, p. 333.

Une vocation : écraser l'infâme

« Mais qui est l'*Infâme* ? Objet de sa haine, l'*Infâme* est de ces réalités émotionnelles qui n'ont pas besoin d'être définies par qui les éprouve. Voltaire répète que l'*Infâme* est un "fantôme hideux", un "monstre abominable", "l'hydre abominable qui empeste et qui tue". Ceux qui ne partagent pas ces fureurs demandent des précisions. Parce que l'attaque voltairienne refuse de franchir certaines limites, on est tenté d'en réduire la portée. L'infâme, est-ce le jansénisme ? Voltaire l'a dit, mais dans des circonstances particulières qui ne permettent pas de prendre sa déclaration en un sens restrictif. N'attaque-t-il que la superstition, en respectant le christianisme ? Voltaire l'a prétendu, mais avec un accent d'ironie. En veut-il à l'Église catholique en tant que corps social ? Mais l'*Infâme,* c'est aussi « l'âme atroce » de Calvin. C'est tout fanatisme ; et c'est plus encore. Voltaire attaque la théologie chrétienne. Il a toujours cru que les hommes se sont égorgés pour des opinions : ce sont ces opinions qu'il faut déraciner. L'*Infâme* est donc l'intolérance, pratiquée par des Églises organisées, et inspirée par des dogmes chrétiens. En fin de compte, l'*Infâme,* c'est le christianisme. Il faut faire à Voltaire la justice de reconnaître son audace, quelque jugement qu'on en porte : il voulut abattre l'imposant édifice, vieux de dix-huit siècles. Voltaire signe *Christmoque* : il ne s'agit pas seulement d'amender ou de réformer le christianisme, il s'agit d'en retrancher tout ce qu'il a de chrétien. L'opération faite, il restera une "religion pure", qui peut s'accommoder encore d'une admiration pour un Christ tout humain, et qui tolère même certaines apparences chrétiennes ; mais la foi chrétienne sera totalement absente de cette religion naturelle. »

René Pomeau, *La Religion de Voltaire,*
Nizet, 1974, p. 314.

La qualité idéologique de l'esprit voltairien

«On ne saurait trop souligner, si l'on en étudiait mieux le style, la qualité idéologique de ce qu'on appelle ici communément "esprit". Non pas un luxe ni un ornement, ni une concession aux modes ambiantes, mais plus essentiellement, chez Voltaire, une forme d'écriture : l'inscription stylistique et textuelle d'un projet d'action sur le monde. Encore le phénomène s'analyse-t-il à deux niveaux. Par rapport à un certain ordre ou désordre établi, qu'il conteste, l'engagement spirituel est lui-même idéologiquement marqué – parler des militaires comme d'" assassins enrégimentés", c'est juger une civilisation, à l'une des fractures précises du droit et du fait. Mais, plus radicalement, l'esprit interpelle l'idéologie, en tant que sens et valeur décidés d'avance. On connaît le slogan type du prêt-à-penser, tel qu'il encombre par exemple la cervelle moutonnière du jeune Candide : "Maître Pangloss m'avait bien dit que..." Mauvais maître, Pangloss. Rien de spirituel dans son enseignement : aucune ouverture au doute. Du beau parc où maître Pangloss s'égayait en secret, Voltaire écrit : "Le petit bois qu'on appelait parc...", et cette distance des mots à la chose dérègle soudain le discours d'autorité. Il suffit de varier et d'étendre l'écart : cet ordre inhumain qu'on appelle chrétien, ces iniquités que l'on nomme justice, ces demi-barbares qui se disent civilisés, cette présomption qui se veut science, ces Welches si glorieux du nom de Français, etc. Comme langage, et plus précisément comme jeu et travail sur la cohérence des discours prétendus vrais, l'esprit, loin d'être une contrainte, est ainsi une force de libération. Il n'oblige pas à voir les choses de telle ou telle façon ; il habitue à demander à voir. D'où l'extrême abondance, dans le grand texte voltairien, des litotes, euphémismes, antiphrases, ellipses, insinuations et autres signes ou relations d'implication du lecteur : l'allocution spirituelle se constitue en maïeutique, en ironie – mais au sens étymologique, c'est-à-dire qu'elle suscite ou ranime le pouvoir de mettre en question, de donner sens et valeur aux choses, en décidant librement desquelles il faut ou ne faut pas rire. "C'est à vous à juger si j'ai tort ou raison" : le rire du philosophe finit toujours par provoquer une responsabilité.»

J.-P. de Beaumarchais, D. Couty, A. Rey,
Dictionnaire des littératures de langue française,
Bordas, Paris 1987.

Recherches et exercices

SUJETS D'ESSAIS

1. « Le sot projet que Montaigne a eu de se peindre ! » écrit Pascal. « Le charmant projet que Montaigne a eu de se peindre naïvement comme il l'a fait ! Car il peint la nature humaine » affirme Voltaire.

Vous commenterez les deux opinions contraires en étudiant les raisons de l'opposition entre leurs auteurs.

2. Expliquez et discutez à l'aide d'exemples empruntés à Voltaire et aux grands écrivains qui ont formulé leur conception de l'histoire cette définition humoristique et paradoxale proposée par Lytton Strachey, un historien anglais contemporain :

« Que l'on ait pu non seulement poser, mais même discuter sérieusement la question de savoir si l'histoire est un art, est certainement une des curiosités de l'humaine folie. Que pourrait-elle être d'autre ? Il est évident que l'histoire n'est pas une accumulation de faits, mais le récit de ceux-ci. Les faits qui se rapportent au passé, s'ils sont réunis sans art, sont des compilations, et les compilations, sans aucun doute, peuvent être utiles, mais elles ne sont pas plus de l'histoire que du beurre, des œufs, de la salade et du persil ne sont une omelette. »

3. Dans *Le Taureau blanc*, Voltaire fait dire à un de ses personnages :

« Les contes que l'on pouvait faire à la quadrisaïeule de ma grand-mère ne sont plus bons pour moi... qui ai lu *L'Entendement humain* du philosophe anglais nommé Locke et *La Matrone d'Éphèse*. Je veux qu'un conte soit fondé sur la vraisemblance, et qu'il ne ressemble pas toujours à un rêve. Je désire qu'il n'ait rien de trivial ni d'extravagant. Je voudrais surtout que, sous le voile de la fable, il laissât entrevoir aux yeux exercés quelque vérité fine qui échappe au vulgaire. »

Ces réflexions vous paraissent-elles pouvoir s'appliquer aux contes de Voltaire ?

4. Vous commenterez cette analyse de Jean Starobinski : « Peut-être rencontrons-nous dans *Candide*, sur le mode de la fiction, le premier exemple d'une attitude devenue aujourd'hui commune en Occident, en raison directe de l'essor des moyens d'information : la perception de toutes les plaies de l'humanité, par une sorte de sensibilité douloureuse qui étend son réseau nerveux à la surface entière du globe. »

5. « La pensée de Voltaire aboutit à une philosophie assez élevée, et dont l'accent est incontestablement religieux, lorsqu'elle procède de thèmes pessimistes, alors qu'elle se réduit à des conclusions tristes et banales, lorsqu'elle s'inspire de thèmes optimistes... Il semble qu'il se produit à l'intérieur de cette pensée une sorte de compensation spontanée, qui la ramène toujours au même point d'équilibre malgré ses variations contingentes et les empreintes successives qu'y laissent les vicissitudes d'un destin. »

La lecture des œuvres de Voltaire vous paraît-elle justifier cette appréciation de Robert Mauzi ?

6. Le déchaînement des passions contre les Encyclopédistes conduit Voltaire à écrire le 2 avril 1764 à Damilaville : « Puisse seulement notre petit troupeau demeurer fidèle ! Mon cœur est desséché quand je songe qu'il y a dans Paris une foule de gens d'esprit qui pensent comme nous, et qu'aucun d'eux ne sert la cause commune ! Il faudra donc finir comme Candide par cultiver son jardin. Adieu mon cher frère. Ecra. l'Inf. »

Vous montrerez comment ce billet permet d'illustrer à la fois le caractère de Voltaire et la signification de son œuvre.

7. « Raison, tolérance, humanité. » En vous appuyant sur les textes que vous connaissez, vous vous demanderez si ces trois mots de Condorcet résument exactement et complètement, comme l'auteur le pensait, l'apport de Voltaire et des philosophes du XVIIIe siècle.

8. Vous commenterez ce jugement d'Emmanuel Berl sur l'actualité de Voltaire : « À la vérité, il n'est pas, avec Montaigne, de grand écrivain dont nous ayons plus besoin. Nous avons tout lieu d'être d'autant plus inquiets qu'il est moins honoré, d'autant plus rassurés que ses livres sont plus répandus. Il est celui qui, toujours, préfère "les hommes à ce qui les dévore". »

ESSAI

Gœthe disait de la pensée de Voltaire : « Au fond, quelque spirituel que soit tout cela, le monde n'y a rien gagné ; ce n'est pas là-dessus que l'on peut construire. »

La lecture de Voltaire conduit-elle à partager ce jugement ?

Introduction

Deux raisons conduisent à méconnaître la philosophie de Voltaire. D'abord sa position à l'égard du christianisme a choqué les croyants et tous les partisans de l'ordre moral, et surtout le voltairianisme de la seconde moitié du XIXe siècle, appuyé sur les illusions scientistes et terriblement sectaires, a donné une présentation amère et étriquée des idées de Voltaire. Par ailleurs celui-ci n'est pas un philosophe professionnel comme Leibniz ou Kant et il écrit dans une langue trop claire pour qu'on ait à première vue l'impression d'une pensée solide. Et pourtant l'eau limpide n'est pas la moins profonde.

Gœthe ne risquait pas d'être rebuté par l'antichristianisme de Voltaire, et il s'est rendu compte de l'existence d'une philosophie propre à l'écrivain. S'il n'en conteste pas la réalité, c'est pour lui reprocher de n'avoir pas servi à l'humanité et de n'être pas constructive.

I. La dimension critique chez Voltaire

L'attitude critique de Voltaire correspond à son tempérament et à la forme de son talent : tantôt mordante, tantôt âpre, son ironie dévoile impitoyablement par l'absurde tous les raisonnements aberrants, toutes les conduites irraisonnées, et plus généralement toutes les contradictions de son époque.

1. Critique politique. Rien n'échappe à l'énorme sottisier des faiblesses organiques dont Voltaire montre qu'elles dégénèrent en abus : les institutions, la justice, la torture, la censure, le système économique, les impôts, le rôle civil de l'Église, le monarchisme.

2. Critique des mœurs, portant notamment sur le fanatisme, la corruption, l'orgueil nobiliaire, la légèreté du peuple.

3. Critique de l'homme. Selon Voltaire, l'homme est un animal bien doué physiologiquement, mais dont la raison est extrêmement faible sur le plan de la conduite quotidienne comme sur le plan de la connaissance :

il confond connaissance et croyance, certitude et hypothèse, commettant le même péché de présomption que toutes les métaphysiques.

4. **Critique de l'univers**, où Voltaire, après un optimisme relatif, découvre bien des raisons de pessimisme : «Comment un Dieu aurait-il pu former ce cloaque épouvantable de misères et de forfaits?» (Lettres de Memmius).

Cette critique paraît déboucher sur une vision de l'homme comme d'un être ridicule et faible, perdu dans un univers absurde, qui s'organise dans une société cruelle et injuste, qui enfin par sa conduite accroît l'absurdité du monde. Mais elle n'exclut nullement la recherche de solutions plus raisonnables.

II. Une philosophie constructive

Loin de renoncer à défendre l'homme, Voltaire jette des bases positives.

1. **Un idéal dans les institutions.** Cet idéal, fondé sur le respect de la personne humaine et la liberté de l'individu, conduit Voltaire à proposer des réformes précises. Ne va-t-il pas jusqu'à suggérer de ne plus enterrer les morts dans les églises ? Il contribue largement à la suppression de la torture et à l'établissement de la tolérance religieuse.

Il semble que le monde n'y ait rien perdu. L'Église catholique, sensible aux coups portés par Voltaire, a gommé ce qui lui avait valu le qualificatif d'«infâme», tirant un large bénéfice de ce toilettage. Les non-chrétiens, avant Voltaire, oscillaient entre un stoïcisme orgueilleux, un épicurisme commode et une morale mondaine. Le philosophe leur a proposé une morale laïque, qui sert toujours de guide à un nombre immense d'individus.

2. **L'âpreté de la critique voltairienne** vient précisément de son amour pour l'homme, que le philosophe dresse en face d'un Dieu créateur indifférent et situe dans un univers hostile. L'homme voltairien doit trouver en lui-même les fondements de sa pensée, sans pleurer les paradis perdus. «Il faut cultiver notre jardin», conseille Candide. Certes la terre est âpre, mais nous pouvons l'améliorer grâce à une pratique de l'action et une morale de la bienfaisance.

3. **La postérité de Voltaire.** La position du philosophe n'est pas restée sans écho. Le dernier point de la pensée de Vigny, exprimé dans *Le Mont des Oliviers*, rejoint les conceptions de Voltaire :

> « Le juste opposera le dédain à l'absence
> Et ne répondra plus que par un froid silence
> Au silence éternel de la Divinité. »

Et les philosophies contemporaines, comme l'absurde de Camus, soulignent également le silence de la divinité auquel se trouve confronté l'homme. L'attitude proposée par Camus est proche de l'attitude préconisée par Voltaire : un combat déterminé contre tout ce qui asservit l'individu. Et la morale de l'engagement, développée par Sartre, part d'une métaphysique de la liberté pour aboutir à une pratique toute voltairienne : il n'est pas un acte qui n'engage l'humanité.

III. Pourquoi Goethe n'a pas compris Voltaire

1. Goethe, qui, devenu ministre du Grand Duc de Weimar, préférait une injustice à un désordre, n'était pas bien placé pour juger les aspects positifs de la philosophie de Voltaire (amorce de l'égalité politique, inviolabilité de la personne, laïcité, pacifisme, fondement de la législation sur la raison, tolérance religieuse...). En revanche il paraît sentir que cette philosophie présente une lacune : l'homme y est toujours pris de l'extérieur et jamais par rapport à lui-même. Il lui manque l'exigence de la perfection intérieure.

2. C'est Rousseau qui a fort bien exprimé cette exigence, en quoi son réel effort de purification apparaît plus profondément humain. La philosophie de Voltaire est avant tout intellectuelle et méprise les éléments affectifs. La voix de la conscience n'y apparaît que de façon sporadique. L'horreur de l'écrivain pour la Saint-Barthélemy découle d'une horreur physique du sang beaucoup plus que de la révolte d'une conscience en face d'un univers qui lui est incompatible.

3. La morale de l'action proposée par Voltaire repose partiellement sur une philosophie du divertissement : là où Camus discernera une exigence logique, Voltaire voit surtout une position pratique, ce qui retire à sa pensée une dimension de profondeur humaine. Poète et débiteur de Rousseau, Goethe ne peut trouver chez Voltaire la force du sentiment qui sert de justification profonde à toute philosophie. Pour l'écrivain allemand, l'irrationnel existe et il faut en tenir compte.

Conclusion

Le monde a gagné à la philosophie voltairienne et au mouvement d'idées qui l'a accompagné. Tout ce qu'a obtenu Voltaire nous semble aller de soi. Cependant, il est difficile de construire sur la philosophie de Voltaire : l'homme édifie beaucoup plus à partir de ses sentiments que de sa raison et les progrès de la civilisation sont acquis seulement quand ils sont profondément intégrés dans la conscience humaine.

Bien des abus détruits grâce à Voltaire – torture, racisme, censure... – renaissent : ce que la culture conquiert sur la nature est toujours menacé. Même si le ridicule ne tue plus aussi sûrement qu'au XVIIIe siècle, on recommence à sentir la grandeur et l'actualité du philosophe : « Les fumées des fours crématoires, les barbelés de l'univers concentrationnaire ne permettent plus, constate Emmanuel Berl, de trouver périmées les plaidoiries de Voltaire en faveur de l'innocence et de la tolérance. »

EXPOSÉS

1. Voltaire journaliste, des *Lettres philosophiques* aux pamphlets, en passant par la Correspondance.
2. Voltaire entre l'optimisme et le pessimisme.
3. La conception de la liberté chez Voltaire.
4. Le déisme de Voltaire.
5. Le Dieu de Voltaire et celui de Rousseau.
6. La condamnation de la guerre par Voltaire.
7. Le procès de la justice par Voltaire.
8. Les idées politiques de Voltaire.
9. « Il faut cultiver notre jardin. »
10. L'impact subversif des contes : les cibles et les moyens.
11. L'amalgame du projet public et de la parole privée dans la Correspondance.

SUJETS DE COMMENTAIRES COMPOSÉS

1. Lettre à Cideville du 15 mai 1733.
2. « Les quatre grands siècles », *Le Siècle de Louis XIV*, Introduction.
3. « Prière à Dieu », *Traité sur la tolérance*, XXIII.

COMMENTAIRE COMPOSÉ

À peine ont-ils mis le pied dans la ville, en pleurant la mort de leur bienfaiteur, qu'ils sentent la terre trembler sous leurs pas, la mer s'élève en bouillonnant dans le port, et brise les vaisseaux qui sont à l'ancre. Des tourbillons de flammes et de cendres couvrent les rues et les places publiques : les maisons s'écroulent, les toits sont renversés sur les fondements, et les fondements se dispersent ; trente mille habitants de tout âge et tout sexe sont écrasés sous des ruines. Le matelot disait en sifflant et en jurant : « Il y aura quelque chose à gagner ici. – Quelle peut-être la raison suffisante de ce phénomène ? disait Pangloss – Voici le dernier jour du monde ! » s'écriait Candide. Le matelot court incontinent au milieu des débris, affronte la mort pour trouver de l'argent, en trouve, s'en empare, s'enivre, et, ayant cuvé son vin, achète les faveurs de la première fille de bonne volonté qu'il rencontre sur les ruines des maisons détruites, et au milieu des mourants et des morts. Pangloss le tirait cependant par la manche : « Mon ami, lui disait-il, cela n'est pas bien, vous manquez à la raison universelle, vous prenez mal votre temps. – Tête et sang, répondit l'autre, je suis matelot né à Batavia ; j'ai marché quatre fois sur le crucifix dans quatre voyages au Japon ; tu as bien trouvé ton homme avec ta raison universelle ! »

Quelques éclats de pierre avaient blessé Candide ; il était étendu dans la rue et couvert de débris. Il disait à Pangloss : « Hélas ! procure-moi un peu de vin et d'huile ; je me meurs. – Ce tremblement de terre n'est pas une chose nouvelle, répondit Pangloss ; la ville de Lima éprouva les mêmes secousses en Amérique l'année passée ; mêmes causes, mêmes effets : il y a certainement une traînée de soufre sous terre depuis Lima jusqu'à Lisbonne. – Rien n'est plus probable, dit Candide ; mais, pour Dieu, un peu d'huile et de vin. – Comment probable ? répliqua le philosophe, je soutiens que la chose est démontrée. » Candide perdit connaissance, et Pangloss lui apporta un peu d'eau d'une fontaine voisine.

Candide, chapitre V.

Vous ferez de ce texte un commentaire composé en montrant comment Voltaire offre aux lecteurs toute latitude de dégager eux-mêmes la leçon que le récit des faits peut leur suggérer.

Introduction

Après avoir rendu odieuses dans le *Poème sur le désastre de Lisbonne* (1756) toutes les impostures consolantes de Leibniz et des philosophies providentialistes, Voltaire écrit *Candide* pour les ridiculiser.

Au chapitre V du conte, le héros et son précepteur Pangloss, fuyant les horreurs de la guerre et le fanatisme religieux, rencontrent au large du Portugal la plus horrible des tempêtes : elle engloutit leur ami Jacques, un anabaptiste hollandais qui les avait recueillis. À peine sont-ils arrivés à Lisbonne que se produit un tremblement de terre dévastateur.

S'abstenant de commenter l'événement, Voltaire laisse au lecteur le soin de dégager la leçon que la présentation des personnages, la mise en scène et les procédés comiques peuvent lui suggérer.

1. La présentation des personnages

a) Voltaire donne la parole à ses personnages et les dispose en un triptyque où l'affirmation revient au matelot, l'interrogation au philosophe et l'exclamation au sensible Candide.

b) Le langage des personnages correspond à leur caractère et à leur disposition d'esprit devant la catastrophe. Le marin ne se pose pas de questions : son sifflement et ses jurons annoncent sa satisfaction à l'idée d'un gain imminent. Pangloss, beau parleur, pérore sans être le moins du monde troublé par les dégâts occasionnés par le tremblement de terre. Quant à Candide il justifie son nom par ses étonnements et son exclamation : « Voici le dernier jour du monde. »

c) Ces trois personnages sont représentatifs de trois attitudes possibles devant le spectacle du malheur : le matelot incarne une humanité égoïste, cruelle et corrompue exploitant les circonstances ; Pangloss illustre la catégorie des intellectuels que leurs théories coupent des réalités et qui raisonnent sans agir ; Candide est dominé par les événements : c'est un personnage simple et sans grande personnalité que Voltaire, conformément à la tradition picaresque, place dans des situations variées et dramatiques.

2. La mise en scène dramatique

a) Une description empreinte de vivacité illustre la violence du raz-de-marée et du tremblement de terre ainsi que leurs effets destructeurs. (On peut commenter par exemple l'emploi du présent de narration, permettant d'imaginer que l'on vit effectivement les actions du récit et de souligner la coïncidence entre leur déroulement et le moment où on lit les verbes qui les expriment : «Ils sentent la terre trembler... la mer s'élève... les maisons s'écroulent...» Après cette plongée dans l'action, les temps du passé représentent les commentaires – moins dramatiques – des personnages : «Le matelot disait...».)

b) Le tableau est animé par des détails qui ne tendent pas au pittoresque, mais relèvent du souci d'évoquer des faits assez forts pour parler d'eux-mêmes et offrir la vision d'une apocalypse qui subvertit toutes les données normales du monde. L'insistance sur la totalité des phénomènes accentue l'image de chaos et souligne le déchaînement aveugle des forces du mal.

3. La bouffonnerie

Pourtant la scène n'est pas exempte de bouffonnerie : on quitte parfois le réalisme pour une sorte de surréalisme comique, terriblement efficace pour guérir plus sûrement le lecteur de l'optimisme béat.

a) Le comique de caractère. Si l'on rit de Pangloss, ce n'est pas parce que la catastrophe a laissé intact son optimisme ; c'est parce qu'en ces circonstances tragiques il ne pense qu'à débiter un discours philosophique inadapté à l'horreur de la situation, puis à faire la morale à un ivrogne.

b) Le comique de mots. Le ridicule de Pangloss est accentué par son vocabulaire prétentieux : «Vous manquez à la raison universelle», explique-t-il pompeusement au matelot. Voltaire parodie les termes employés par Leibniz et son disciple Wolff, considérés par lui un peu systématiquement comme les prophètes de l'optimisme. Avec la «raison suffisante», il lance une de ces «formules-scies» qu'il affectionne pour ridiculiser ses adversaires.

c) Le comique de farce. Candide blessé s'évanouit tandis que Pangloss, ignorant ses appels, continue impertubablement à raisonner sur les causes et les effets.

d) Le burlesque de la situation. Le matelot vole, s'enivre, cuve son vin, achète les faveurs d'une fille de bonne volonté, tout cela «au milieu des mourants et des morts».

La distanciation ironique, la gaieté exaspérée, le rire grinçant permettent ainsi à Voltaire de démythifier l'homme.

4. La portée philosophique du passage

Car tout dans *Candide* vise à un enseignement profond.

a) Le but du philosophe est d'attaquer la Providence. Ceux qui réagissent et ceux qui ne réagissent pas sont victimes du malheur, à cette différence près que le charitable anabaptiste se noie et que le brutal matelot tire bénéfice de la situation : innocents et coupables sont tués pêle-mêle.

b) Voltaire accumule les faits pour accabler les théories optimistes de Leibniz ou de Rousseau et ridiculise les bavardages intempestifs de leur émule Pangloss. Cet optimisme n'est pas seulement démenti par le conte, il est dangereux dans la vie : il désarme tous ceux pour qui le progrès passe par une lutte quotidienne et non point par de vains discours comme ceux que Pangloss tient au matelot, ni par la résignation à l'impuissance de Candide.

c) L'erreur de Pangloss est de prétendre plaquer artificiellement une causalité sur des événements dont la logique échappe à l'esprit humain. Tout est désordre et en cela l'histoire de Candide ressemble à la vie de l'homme : Candide et Pangloss subissent le tremblement de terre et ils sont dépassés par un phénomène dont la raison leur échappe.

Conclusion

– Un récit enlevé destiné à frapper l'imagination, une impassibilité égayée qui fait naître le ridicule de l'absurde.

– Le style de Voltaire constitue une arme parfaitement adaptée au combat philosophique.

– Voltaire laisse effectivement au lecteur le soin de juger par lui-même. S'il présente avec humour la déraison universelle, c'est pour y échapper personnellement et pour en écarter les autres hommes, tout en offrant une leçon implicite : à l'inanité de la parole il faut opposer une morale de l'action.

Index des œuvres

Adélaïde du Guesclin : 42, 45, 47, 49, 85.
Alzire : 42, 46, 48-49.
André Destouches à Siam : 77.
Anecdotes sur Bélisaire : 81.
Aventure indienne (l') : 60.
Babouc : 59, 71.
Blanc et le Noir (Le) : 60.
Brutus : 42, 44, 45, 46, 48.
Candide : 7, 14, 17, 33, 40, 60, **62-66**, 71, 72, 75, 77, 78, 85, 88, 97, 99, 101, 102, 105, 110.
Canonisation de saint Cucufin (La) : 81.
Catéchisme de l'honnête homme (Le) : 78, 79.
Colimaçons du R.P. l'Escarbotier (Les) : 81.
Commentaire du Livre des délits et des peines : 77.
Commentaire sur Corneille : 18.
Correspondance : 4, **84-91**, 95, 96, 97.
Cosi Sancta : 59.
Cri du sang innocent : 81.
Crocheteur borgne : 59.
De l'horrible danger de la lecture : 77, 81, 83.
Dialogue d'Evhémère : 78.
Dialogues entre A, B, C : 78.
Diatribe à l'auteur des éphémérides : 8.
Diatribe du docteur Akakia : 7.
Dictionnaire philosophique : 7, 8, 18, 34, 60, 73, **74**, 75, 76, 81, 82, 85, 87, 95, 96, 97, 98, 99.
Discours en vers sur l'homme : 6, **54**.
Discours sur la tragédie : 42.
Éléments de la philosophie de Newton : 6, 28.
Embellissements de la ville de Cachemire (Les) : 76, 78.
Épître à Horace : 55.
Épître à l'auteur du Livre des trois imposteurs : 55, 98.
Épître à Madame Denis : 55.

Épître à Madame du Châtelet : 53.
Épître au Président Hénault : 55.
Épître à Uranie : 54.
Ériphyle : 42, 44, 45.
Essai sur la poésie épique : 29.
Essai sur les mœurs : 7, 18, 34, 35, 37, 38, **39-41**, 79.
Évangile de la Raison : 79.
Examen important de Milord Bolinbroke : 79.
Henriade (La) : 3, 5, 31, 35, **51-52**, 87.
Histoire de Charles XII : 6, 22, 29, **35**, 37, 41, 59.
Histoire de Jenni : 60, 70, 98.
Histoire de la Guerre de 1741 : 75.
Histoire de la Russie : 35, 37, 41.
Homme aux quarante écus (L') : 60, 65.
Ingénu (L') : 8, 17, 60, **68**, 71, 72.
Irène : 8, 18, 42.
Jeannot et Colin : 60.
Lettre à un premier commis : 77.
Lettres d'Amabed : 60, 64, 71.
Lettres de Memmius : 107.
Lettres philosophiques : 3, 6, 13, 15, **21-34**, 59, 88.
Lois de Minos (Les) : 42.
Lucrèce et Posidonius : 78.
Mahomet : 6, 42, **44**, 46, 48.
Memnon : 59, 101.
Méprise d'Arras (La) : 81.
Mérope : 18, 42, **43**, 45.
Micromégas : 7, 28, 59, 65, **69**, 71, 97.
Mondain (Le) : 6, **53**.
Mort de César (La) : 42, 45.
Odes : 57.
Œdipe : 3, 5, 15, 31, 42, 45, 46, 48, 49, 51.
Olympie : 18, 45, 48.
Oreilles du comte de Chesterfield (Les) : 60.
Orphelin de la Chine (L') : 42, **46**, 49.
Pauvre Diable (Le) : 57.
Philosophe ignorant (Le) : 97.
Poème de Fontenoy : 6, 57.

Poème sur la loi naturelle : 7.
Poème sur le désastre de Lisbonne : 7, **56**.
Portatif : (voir Dictionnaire philosophique).
Pot-pourri : 60, 79.
Précis du Siècle de Louis XV : 37.
Première Homélie : 79.
Préservatif (Le) : 34.
Princesse de Babylone (La) : 8, 14, 60, **69-70**, 71.
Profession de foi des théistes : 99.
Pucelle (La) : 15.
Questions sur l'Encyclopédie : 8, 18, 34, 73, **74**, 76, 77, 82, 85, 99.
Questions sur Zapata : 81.
Relation de la maladie du jésuite Berthier : 81.
Rêve de Platon (Le) : 59.
Rome sauvée : 42.
Sauvage et le bachelier (Le) : 78.
Scarmentado : 7, 16, 60, 71, 101.
Scythes (Les) : 8, 42.
Sémiramis : 42, 45, 46.
Sermon des Cinquante : 79, 81.
Siècle de Louis XIV (Le) : 3, 7, 15, 18, 35, **36**, 37, 38, 39.
Sophonisbe : 42.
Stances à Madame Lullin : 58.
Tancrède : 18, 42, 45, 47, 49.
Taureau blanc (Le) : 60, 104.
Temple du goût (Le) : 6, 55, 90.
Testament du curé Meslier (Le) : 76, 79, 87.
Traité de métaphysique : 6, 25.
Traité sur la tolérance : 8, 34, 73, **80-81**, 82, 98.
Vanité (La) : 57.
Voyage du baron de Gargan : 59.
Zadig : 6, 59, **67**, 71, 72.
Zaïre : 6, 42, 44, 46, 47, 48, 49, **50**, 51.
Zulime : 42, 46.

Lexique

Addison (1672-1719) : poète tragique anglais, connu également comme publiciste.

Anthropocentrisme : théorie qui fait de l'homme le centre du monde et considère que tout se rapporte à lui.

Apologétique : partie de la théologie qui a pour objet la défense du christianisme.

Apprentissage (roman d') : roman dont le thème est l'apprentissage de la vie par un jeune homme qui essaie sa liberté et fait son éducation sentimentale et sociale.

Argenson (d') (1694-1757) : ami de Voltaire et membre du club de l'Entresol*, ce partisan du despotisme éclairé et de la liberté du commerce devient en 1744 secrétaire d'État aux Affaires étrangères.

Argental (comte d') (1700-1788) : ce neveu de Mme de Tencin, conseiller au Parlement de Paris, est le plus intime ami, le confident et le conseiller ordinaire de Voltaire qui appelle M. et Mme d'Argental ses « anges gardiens ».

Aristocratie : minorité supérieure par sa naissance et ses privilèges, mais non par son mérite.

Athéisme : doctrine ou attitude niant l'existence de Dieu.

Bacon (1561-1621) : chancelier d'Angleterre et philosophe, il prône la soumission au fait et l'expérimentation prudente.

Bayle (1647-1706) : dans son *Dictionnaire historique et critique* (1697), ce pasteur exilé en Hollande dresse le sottisier de son temps, affirme l'impossibilité d'expliquer logiquement le christianisme, réfute le spinozisme* et plaide pour la tolérance.

Beccaria (1738-1794) : ce jurisconsulte italien, admirateur des Encyclopédistes, publie en 1764 son *Traité des délits et des peines* qui inspire à Voltaire un *Commentaire*.

Bernières (marquise de) : maîtresse de Voltaire en 1722, elle assure en 1724 l'entrée clandestine dans Paris des deux mille premiers exemplaires de *La Henriade*.

Bentinck (comtesse de) : à l'époque où ses relations avec Frédéric II se détériorent, Voltaire trouve réconfort dans l'amitié amoureuse de Charlotte de Bentinck, dont il attendra vainement qu'elle le rejoigne aux Délices.

Boulainvilliers (1658-1722) : brillant écrivain, cet aristocrate attaché aux prérogatives de la noblesse et hostile à l'absolutisme monarchique fait notamment connaître à ses contemporains la pensée de Spinoza par deux essais consacrés au philosophe hollandais.

Burlesque : genre littéraire ou style dont le comique provient du contraste entre la familiarité ou la trivialité du langage et la noblesse ou l'héroïsme du sujet.

Cartésianisme : voir Descartes.

Châtelet (Mme du) (1706-1749) : auteur d'ouvrages scientifiques et traductrice de Newton, cette femme éminente, rationaliste et épicurienne, débute en 1733 une liaison de quinze ans avec Voltaire.

Cideville (1693-1776) : ancien condisciple de Voltaire dont il reste l'ami, il est conseiller au parlement de Rouen et veille sur les *Lettres philosophiques* au moment où elles s'impriment dans cette ville.

Clairon (Mlle) (1723-1803) : mettant son talent au service des tragédies de Voltaire, cette actrice triomphe grâce à un jeu d'une émotion profonde et à la recherche d'effets frappants.

Dangeau (1638-1720) : mémorialiste, auteur d'une chronique de la cour de Louis XIV restée longtemps inédite.

Damilaville (1723-1768) : ce haut fonctionnaire des Finances permet aux philosophes de déjouer la censure ; il assure la transmission de leur courrier sous le cachet officiel des Finances ; ami de Voltaire, c'est aussi son agent de liaison avec Diderot – dont il partage l'athéisme – et les Encyclopédistes.

Deffand (Marquise du) (1697-1780) : Montesquieu, d'Alembert et l'aristocratie européenne fréquentent le salon de la marquise du Deffand. Elle entretient une correspondance suivie avec Voltaire.

Déisme : croyance qu'il y a un Dieu, sans qu'il soit pour autant le Dieu du christianisme.

Denis (Mme) : cette nièce de Voltaire, née en 1712 et veuve très jeune, devient la maîtresse de l'écrivain en 1745, le rejoint à Berlin et l'accompagne dans son exil aux Délices, puis à Ferney.

Descartes (1596-1650) : appliquant la raison humaine, Descartes fonde la philosophie sur le doute radical et méthodique ; puis, à partir de sa formule « je pense, donc je suis », il démontre d'existence de Dieu et affirme que la véracité divine garantit la vérité à l'évidence de nos idées ; cette certitude est contestée par les libertins*.

Despotisme éclairé : théorie conciliant l'absolutisme avec l'application des idées philosophiques (abaissement de la noblesse et du clergé ; évolution économique, sociale et culturelle).

Empirisme : 1) philosophie affirmant que toutes les connaissances viennent des sens et qu'il n'existe pas dans l'esprit humain d'idées innées ; 2) méthode de pensée ne s'appuyant que sur l'expérience.

Entresol (club de l') : société politique fondée en 1724, influencée par les idées anglaises et comptant une vingtaine de membres dont d'Argenson*, l'abbé de Saint-Pierre* et Montesquieu.

Épicurisme : 1) doctrine d'Épicure fondée sur le matérialisme, l'empirisme, l'irréligion et une morale conseillant une vie raisonnable et équilibrée ; 2) façon de vivre qui propose la recherche du plaisir.

Épigramme : petite pièce de vers que termine une pointe satirique.

Falkener : Anglais dirigeant une importante maison d'importation et d'exportation, avec lequel Voltaire se lie d'amitié à Paris en 1725, et qui accueille celui-ci durant son exil à Londres.

Fanatisme : 1) passion exaltée, zèle aveugle et cruel envers une religion ; 2) manifestation violente d'un préjugé.

Focalisation : point de vue (du narrateur = focalisation zéro ; d'un personnage = focalisation interne ; d'un témoin extérieur = focalisation externe) choisi par le romancier pour présenter les objets, les êtres et les actions.

Frédéric II (1712-1786) : avant d'accéder au trône de Prusse en 1740, Frédéric II entretient déjà avec Voltaire une correspondance qui se prolonge jusqu'à la mort de l'écrivain ; il illustre la théorie du despotisme éclairé*.

Fréron (1719-1776) : soutenu par le parti dévot, ce publiciste rédacteur de *L'Année littéraire* livre une bataille acharnée contre Voltaire et les Encyclopédistes.

Jansénisme : doctrine exposée par l'évêque Jansénius au XVIIe siècle, impliquant la croyance à la prédestination*, la toute-puissance de la grâce, la négation du libre-arbitre et une vertu rigoureuse.

La Mettrie (1709-1751) : chassé de son poste de médecin militaire après la publication de son ouvrage *Histoire naturelle de l'âme*, La Mettrie trouve refuge auprès de Frédéric II* ; son matérialisme, qu'il illustre dans *L'Homme-machine* (1748), vise à rendre l'homme heureux en le débarrassant de la superstition.

Leibniz (1646-1716) : ce philosophe allemand, conciliant dans sa *Théodicée* (1710) l'existence du mal et la croyance en la justice divine, affirme que Dieu a fait l'univers imparfait, mais a choisi le meilleur parmi une infinité de mondes possibles.

Lekain (1729-1778) : ami et interprète de Voltaire, cet acteur introduit plus de naturel dans la déclamation et plus d'exactitude dans la mise en scène.

Libertin : 1) celui qui refuse de croire à la révélation surnaturelle et qui ne veut se diriger que par la raison en suivant la nature ; 2) celui qui mène une vie déréglée et débauchée.

Locke (1632-1704) : ce philosophe anglais, par ailleurs fondateur du libéralisme politique, met en doute l'existence de Dieu ; il voit la source des connaissances dans les sensations à partir desquelles s'élabore la réflexion.

Lumières (philosophie des) : philosophie reposant sur la raison, sur l'expérience et sur les sciences.

Malebranche (1638-1715) : philosophe qui, à l'inverse de Descartes*, affirme que « la religion est la vraie philosophie » et que Dieu est infiniment parfait.

Manichéisme : 1) doctrine fondée sur la coexistence de deux principes éternels, le bien et le mal ; 2) attitude de celui qui choisit radicalement entre le bien et le mal.

Matérialisme : doctrine d'après laquelle il n'existe d'autre substance que la matière.

Maupertuis (1698-1759) : mathématicien célèbre précurseur du transformisme, il devient en 1745 président de l'Académie royale de Prusse ; Voltaire le ridiculise dans *Micromégas* et *La Diatribe du docteur Akakia*.

Métaphysique : 1) recherche ayant pour objet les problèmes de l'existence de Dieu, de l'âme, etc. ; 2) construction gratuite de l'imagination ne s'appuyant sur aucun fait d'expérience.

Mysticisme : ensemble de croyances et de pratiques tendant à une union intime avec Dieu.

Mythe : 1) récit fabuleux qui a un sens symbolique ; 2) représentation de faits ou de personnages historiques, mais amplifiés par l'imagination collective ou une longue tradition littéraire ; 3) pure construction de l'esprit ne reposant sur rien de réel.

Newton (1642-1727) : mathématicien et philosophe, il invente le calcul infinitésimal, démontre l'attraction universelle et découvre la dispersion des couleurs par le prisme.

Oldfield (Mlle) : célèbre comédienne anglaise, enterrée à Westminster en 1730.

Otway (1652-1685) : poète tragique anglais.

Palissot (1730-1810) : une violente attaque contre les Encyclopédistes vaut à cet écrivain le triomphe éphémère de sa comédie satirique *Les Philosophes* jouée en 1760 avec l'appui du parti dévot.

Pathétique : style ou genre littéraire excitant violemment les passions et les émotions du spectateur, de l'auditeur ou du lecteur.

Philosophie : au XVIIIe siècle, culte de la raison, lié à l'exercice de l'esprit critique et au service de la société et du progrès.

Pompadour (Mme de) (1721-1764) : maîtresse de Louis XV à partir de 1745 et douée d'un goût très vif pour les lettres et les arts, elle exerce un véritable mécénat, protège les philosophes et défend l'*Encyclopédie*.

Pope (1688-1744) : poète et philosophe anglais dont l'*Essai sur l'homme* (1734) est un hymne à la raison satisfaite : « Tout ce qui est est bien. »

Positif (âge) : stade de l'évolution de la conscience humaine caractérisé par une explication des faits fondée sur la recherche non de causes, mais de lois.

Prédestination : 1) intention, dessein qui aurait animé Dieu quand il a, de toute éternité, décidé de conduire à la vie éternelle par sa grâce ; 2) doctrine calviniste selon laquelle certains hommes sont d'avance élus ou réprouvés.

Providentialisme : doctrine selon laquelle tout a été ordonné par Dieu pour le plus grand bien des créatures et la plus grande gloire de Dieu.

Quakers : secte fondée vers 1649 par Georges Fox, privilégiant l'inspiration religieuse spontanée des fidèles et refusant la liturgie, les sacrements et le clergé.

Rationalisme : historiquement lié à un combat contre la religion, le rationalisme en appelle à la raison et à la science pour expliquer tout ce qui existe.

Richelieu (duc de) (1696-1788) : condisciple et ami fidèle de Voltaire, brillant homme d'esprit et valeureux soldat, il est fait maréchal de France en 1748.

Rohan (chevalier de) : ce descendant d'une illustre famille fait subir une bastonnade à Voltaire qui, à la suite d'une altercation, lui avait lancé : « Mon nom je le commence, et vous finissez le vôtre. »

Saint-Pierre (abbé de) (1658-1743) : ce publiciste propose la création d'une confédération des États européens et critique l'absolutisme de Louis XIV ; il anime le club de l'Entresol*.

Sensualisme : doctrine selon laquelle toutes les connaissances proviennent des sensations, c'est-à-dire des impressions reçues par l'intermédiaire des sens.

Spinoza (1632-1677) : ce philosophe hollandais, excommunié pour son athéisme par les rabbins, définit la raison comme la faculté d'atteindre le réel par la science et revendique le droit à une complète liberté d'expression.

Spiritualisme : doctrine qui, à l'inverse du matérialisme, croit à l'existence de l'esprit comme réalité supérieure.

Swift (1667-1745) : écrivain anglais rendu célèbre par *Les Voyages de Gulliver* (1726), où le héros part à la rencontre d'êtres vivants, nains, géants ou chevaux, dont il attend la vérité.

Théisme : religion de Voltaire qui va au-delà du déisme : c'est pour lui la religion universelle sous-jacente qu'ont cherché à rejoindre Socrate, Jésus ou Mahomet, fondée sur l'adoration d'un dieu justicier éternel, la pratique de la morale et la tolérance.

Thiriot : rencontré par Voltaire en 1714, ce clerc de notaire, devenu nouvelliste, entretient avec l'écrivain des relations épistolaires régulières et lui sert d'agent publicitaire à Paris.

Tories : membres du parti conservateur en Angleterre.

Utopie : 1) pays ou plan de gouvernement imaginaires, modèles du régime politique idéal ; 2) idéal que sa nature même rend irréalisable, mythe servant de principe à la pensée et à l'action.

Whigs : membres du parti libéral en Angleterre.

Bibliographie

Ouvrages sur Voltaire

Naves Raymond, *Voltaire, l'homme et l'œuvre,* Boivin, 1942.
Pomeau René, *Voltaire par lui-même,* Le Seuil, 1955.
Pomeau René, *La Religion de Voltaire,* Nizet, 1956.
Pomeau René, *Voltaire en son temps* : I. Pomeau René, *D'Arouet à Voltaire* (1694-1734), Voltaire Foundation, 1985; II. Vaillot René, *Avec Madame du Châtelet* (1734-1749), Voltaire Foundation, 1988. III. Pomeau René et Mervaud Christiane, *De la cour au jardin* (1750-1759), Voltaire Foundation 1991; IV. *Écraser l'infâme* (1759-1770); V. *On a voulu l'enterrer* (1770-1788); *Voltaire, en toutes lettres,* Bordas, 1991.
Magnan André, article « Voltaire », *Dictionnaire des littératures,* Bordas, rééd. 1987.
Goldzink Jean, *Voltaire,* Gallimard, 1989.

Sur les *Lettres philosophiques*

Caput Jean-Paul, *Lettres philosophiques,* Larousse, 1972.
Deloffre Frédéric, *Lettres philosophiques,* Folio, Gallimard, 1985.
Rousseau André, *L'Angleterre et Voltaire,* Studies on Voltaire, 1976.

Sur l'historien

Pomeau René, *Œuvres historiques,* Pléiade, Gallimard, 1958.
Pomeau René, *Essai sur les mœurs,* Garnier, 1963.
Gusdorf Georges, *L'Avènement des sciences humaines au siècle des Lumières,* Payot, 1973.

Sur le théâtre

Truchet Jacques, *Théâtre du XVIIIe siècle,* 2 vol., Pléiade, Gallimard, 1972.
Larthomas Pierre, *Le Théâtre en France au XVIIIe siècle,* PUF, 1980.

Sur la poésie

Naves Raymond, *Le Goût de Voltaire,* Garnier, 1938.
Menant Sylvain, *La Chute d'Icare,* Droz, 1981.

Sur les contes

Van den Heuvel Jacques, *Voltaire dans ses Contes*, Colin, 1967.

Deloffre Frédéric et Van den Heuvel Jacques, *Romans et Contes*, Pléiade, Gallimard, 1979.

Simounet Annie, *Candide et autres Contes*, Bordas, 1985.

Magnan André, *Candide*, PUF, 1987.

Sur l'engagement philosophique

Naves Raymond, *Dialogues et anecdotes philosophiques*, Garnier, 1955.

Berl Emmanuel et Van den Heuvel Jacques, *Mélanges*, Pléiade, Gallimard, 1961.

Pomeau René, *Politique de Voltaire*, Colin, 1963.

Van den Heuvel Jacques, *L'Affaire Calas et autres affaires*, Folio, Gallimard, 1975.

Benda Jules et Naves Raymond, *Dictionnaire philosophique*, rééd. Etiemble, Garnier, 1977.

Raynaud Jean-Michel, *Dictionnaire philosophique et œuvres polémiques*, Hachette, 1977.

Pomeau René, *Traité sur la tolérance*, Garnier-Flammarion, 1989.

Sur la correspondance

Mailhos Georges, *Voltaire témoin de son temps*, Lang, 1983.

Mervaud Christiane, *Voltaire et Frédéric II*, Foundation Voltaire, 1985.

Hellegouarc'h Jacqueline, *Correspondance choisie*, Poche, 1990.

Besterman Théodore, *Correspondance,* édition adaptée par Frédéric Deloffre, Pléiade, Gallimard, tomes I à XII, tome XIII à paraître.

Table des matières

REPÈRES

Introduction	3
La vie de Voltaire	5
Chronologie	9
Synthèse littéraire	13

LES GRANDES ŒUVRES

LE PRÉCURSEUR DE LA PHILOSOPHIE DES LUMIÈRES	21
Lettres philosophiques	21
L'HISTORIEN	35
Histoire de Charles XII	35
Le Siècle de Louis XIV	36
Essai sur les mœurs	39
LE DRAMATURGE	42
Mérope	43
Mahomet	44
L'Orphelin de la Chine	46
Adélaïde du Guesclin	47
Alzire ou les Américains	48
Zaïre	50
LE POÈTE	51
La Henriade	51
Le Mondain	53
Discours en vers sur l'homme	54
Poème sur le désastre de Lisbonne	56
LE CONTEUR	59
Candide	62
Zadig ou la Destinée	67
L'Ingénu	68
Micromégas	69
La Princesse de Babylone	09

Le philosophe engagé	73
Dictionnaire philosophique	74
Questions sur l'Encyclopédie	74
Dialogues philosophiques	78
Traité sur la tolérance	80
L'épistolier	84
Lettres à Frédéric II	89
Conclusion	93

ANNEXES

Groupements thématiques	95
Anthologie critique	100
Recherches et exercices	104
Index des œuvres	114
Lexique	117
Bibliographie	123

Crédits photographiques

Archives Nathan : 2, 20 / Roger Viollet : 92 / Lauros-Giraudon : 94.

Dans la même collection, série "Les œuvres"

- 14 *Un amour de Swann*, Proust
- 13 *Antigone*, Anouilh
- 8 *L'Assommoir*, Zola
- 20 *Atala/ René*, Chateaubriand
- 34 *Bel Ami*, Maupassant
- 36 *Caligula*, Camus
- 4 *Candide*, Voltaire
- 30 *La Chartreuse de Parme*, Stendhal
- 31 *Le Chevalier à la charrette / Le Chevalier au lion*, Chrétien de Troyes
- 26 *Les Choses / Espèces d'espaces*, Perec
- 18 *Les Confessions*, Rousseau
- 9 *Dom Juan*, Molière
- 22 *La Double Inconstance*, Marivaux
- 2 *L'École des femmes*, Molière
- 19 *L'Éducation sentimentale*, Flaubert
- 35 *En attendant Godot / Fin de partie*, Beckett
- 23 *L'Étranger*, Camus
- 32 *Les Faux-Monnayeurs*, Gide

- 1 *Germinal*, Zola
- 15 *La guerre de Troie n'aura pas lieu*, Giraudoux
- 33 *Les Mouches / Huis-clos*, Sartre
- 5 *Jacques le Fataliste*, Diderot
- 10 *Madame Bovary*, Flaubert
- 16 *Manon Lescaut*, L'abbé Prévost
- 17 *Le Mariage de Figaro*, Beaumarchais
- 12 *Le Père Goriot*, Balzac
- 24 *La Peste*, Camus
- 11 *Phèdre*, Racine,
- 6 *La Princesse de Clèves*, Madame de Lafayette
- 27 *Un roi sans divertissement*, Giono
- 28 *Le Roi se meurt*, Ionesco
- 3 *Le Rouge et le Noir*, Stendhal
- 7 *Tartuffe*, Molière
- 29 *Thérèse Desqueyroux*, Mauriac
- 25 *Tristan et Yseut*, Béroul, Thomas
- 21 *Une vie*, Maupassant

Aubin Imprimeur

LIGUGÉ, POITIERS

IMPRESSION – FINITION

Achevé d'imprimer en octobre 1993
N° d'édition 10018926-III-7 (OSB 80°)
N° d'impression L 43978
Dépôt légal octobre 1993
Imprimé en France

Loi du 16 juillet 1949 sur les publications destinées à la jeunesse